白云飞渡

中国首位战地女记者张郁廉画传

张郁廉 著
王婉彬 编绘

东方出版中心

图书在版编目（CIP）数据

白云飞渡：中国首位战地女记者张郁廉画传 / 张郁廉著；王婉彬编绘. —上海：东方出版中心，2022.12

ISBN 978-7-5473-2090-7

Ⅰ. ①白… Ⅱ. ①张… ②王… Ⅲ. ①张郁廉–传记–画册 Ⅳ. ①K825.42-64

中国版本图书馆CIP数据核字（2022）第239127号

白云飞渡

——中国首位战地女记者张郁廉画传

著　　者　张郁廉
编　　绘　王婉彬
组　　稿　郑纳新
责任编辑　陈明晓
装帧设计　钟　颖

出版发行　东方出版中心有限公司
地　　址　上海市仙霞路345号
邮政编码　200336
电　　话　021-62417400
印 刷 者　上海盛通时代印刷有限公司

开　　本　787mm×1092mm 1/24
印　　张　$11\frac{2}{3}$
字　　数　261千字
版　　次　2023年2月第1版
印　　次　2023年2月第1次印刷
定　　价　88.00元

我這一生中感覺最遺憾的事是對自己的親生母親知道得太少，幾乎是一無所知，更不用說她的長像模樣；她去世時我年僅兩歲半，弟弟復成初生不久。我身邊曾經有過一張父親、母親和我合照的照片，但是在一九三七年（民國廿六年）七月七日盧溝橋事變爆發，日本繼東北開始向華北侵略，全國人民在忍無可忍的情形下奮起展開抗日戰爭，學校停課，各地學生紛紛向大後方流亡，就在戰亂顛沛流離中，我遺失了那張寶貴的照片。我只知道母親娘家姓李，名字不知道。她有三個妹妹和一個弟弟，她是大姐。她出生在山東掖縣平里店東路宿村，和父親結婚後，就到哈爾濱居住。在哈爾濱大概住了三、四年，生了兩個孩子，年紀青青的就結束了她的一生。她故去的時候有多少歲數？因何病而喪生？我都不知道。當時從山東河北到關外（山海關）創業謀生的人，假若有人在外死亡，靈柩一定要運回老家安葬。就這樣，父親辭去了工作，安頓好了兩個無母的孩子，護送母親的靈柩離開哈爾濱回山東老家掖縣平里店朱由村去了；這是一段漫長艱苦的路程：先乘南滿鐵路火車自哈爾濱到遼東半島尖端的商埠大連，由大連改乘船橫渡渤海灣到山東省煙台，再由煙台乘煙維公路（煙台到維縣）汽車到掖縣平里店下車，換乘由馬或騾子拉的大板車走二十來里田埂小路，其間路過嬰里村（晏嬰故里），蘇渠村（孫家世居），東路宿村（我外婆李家住地）和西路宿村（復鈞兄弟外婆王家住地），然後就到了朱由村。朱由村是濱臨渤海萊州灣的一個村莊，屬於魯東掖縣（掖縣是軍閥張宗昌的家鄉，因他的

张郁廉手稿（第1页）

胡做非為而聞名全國，大概有三百多户人家，多半姓張。這裏的居民忠厚樸實，勤儉樂天知命。據說我家祖先是明朝張獻忠在四川大屠殺時由成都逃難，幾經輾轉，終於定居在魯東，倒底在山東掖縣居住了幾代？我也不清楚。我只知道我祖父張吉亭早年喪偶，膝下只有我父親張日高，字陞三和一個叔叔（不知道名字）。他們世世代代都是以種田為生。

張孫兩家的老人們，大約在清朝光緒廿二年即西曆一八九八年前後由原籍魯東，隨着一批一批的年青人，背着簡單的行李，不顧清廷禁令，千里跋涉，私自源源出関（山海関），赤手空拳到地大物博，人口稀少的東北地帶創天下。那個時候，正趕上俄國藉口代我向日本索還遼東半島，要求酬謝，因此獲得了在東北興築鐵路的權利，並且租借遼東半島的旅順和大連。俄人遂於一八九八年以哈爾濱為起點，分向東西國境及旅順大連三方面積極進行敷設路軌，於一九〇三年即以閃電方式完成了中東鐵路：中東鉄路全長二四三〇公里，以哈尔濱為中心，西北至滿洲里，東至綏芬河，南至大連。修築鉄路需要大批年青力壯的勞工，而當時山東河北兩省民衆，因為在原籍謀生不易，紛紛冒險設法出関。我的父親張日高和叔叔當時正是十七八歲年富力壯的青年，也跟着離開生長的家鄉到了完全陌生的東北。他們在冰天雪地，忍飢耐寒，胼手胝足走遍松花江流域一帶大小城鎮，做過各式各樣工作，吃盡苦頭，也在奮鬥掙扎中成熟長大。他們以血汗勞力取得的代價，逐漸的

张郁廉手稿（第2页）

建立起自己的家園，繁衍生息，人口日多，才奠定了我國在東北的基礎。那些在東北有拓荒精神的年青人將多年積蓄紛紛投入工、商業，另求發展，漸漸掌握了東北經濟。另有許多年青人苦学俄語，在鉄路築成後做了中東鉄路局的員工，個個精通俄語，待遇優厚，以金盧布計薪，很受重視。我父親在東北奮鬥了十餘年後，有了謀生技能也略有積蓄後返回老家成親，帶着新婚的妻子再度返回哈爾濱。而我的叔叔不知是和父親同時还是幾年後，雖也千里迢迢去了東北，可是他一去就失去了連絡，生死不明。

朱由村雖然不是我出生和生長的地方，但是我對這個靠海的小村莊有濃厚的感情和記憶，那裏是我們張家祖先和我父母出生和埋葬的地方。經過幾十年的歲月和多次的戰亂，故居、祖墓还会在嗎？還是已被荒煙蔓草遮蔽無處尋覓了……我去過兩次朱由村是在一九三六一九三七年（民國廿五廿六年）的時候，那時我已就讀北平燕京大学，利用寒暑假期回到山東老家和由哈爾濱趕回去的父親聚晤，因為一九三一年（民國廿年）「九一八」事变後，日本侵略者強佔東北各省，對中國人百般刁難，對知識份子嚴厲統治，無辜逮捕和殺害時有所聞，因此，父親把我的名字從户籍上取消報以死亡，從此我再也没有回過哈爾濱了。記憶中回朱由村最清楚的一次是一九三七年六月；我在燕大已讀完三年，還差一年畢業，利用暑假和父親約好在山東見面。我從北平乘津浦鉄路火車到濟南，換乘膠濟鉄路火車到維縣下車，改乘煙維公路局的汽車，車行三、四小時，途經掖縣縣城

张郁廉手稿（第 3 页）

到平里店下車。平里店是煙維公路上的一個小鎮，那裏有電報和郵政局。父親總是先我幾天到家，我回來時他在平里店接我。父女兩人坐上早已雇好的騾拉板車，搖搖擺擺的順着麥田中間的土路緩慢的前行，大概要走一個多小時才到。遠遠就看見了紅磚砌成的圍牆，牆內分三個院子，每個院子裏有一排三間的房子，雖是老房子，但都經過整修。印象最深的是房子的屋頂上都鋪着厚厚的一層層曬乾的海草，有人說是海帶，據說冬暖夏涼，不漏水不透風，就地取材，便宜實用，家家户户的屋頂都一樣。所以一進朱由村遠遠就聞到了鹹鹹腥腥的海的味道。記得三個相通的院子外還有一個小菜院，院裏常堆着燒火用的木材枯枝等雜物，不遠處有兩棵枝葉茂盛的桃樹，每年開花結果，中間就是一個露天的大糞坑（廁所）。一進大门的院子裏住着大奶奶，她是父親的伯母，伯父早亡，無兒女，由父親奉養，並排另一院裏兩明一暗的房子由父親和我暫住，這個院子裏還有一口深井，家中用水都由此汲取。記得那年夏天父親總是在趕集的日子（五天一集）買些西瓜回來，裝在打水用的木桶裏放進水井，傍晚時在院中乘涼，一家人就有冰涼涼的西瓜吃了。第三個院子裏住着我瞎了眼的奶奶，她不是我父親的親生母親，我親祖母在我父親十來歲時就故去了。我所看見的祖母是我誕生以前，有一年山東乾旱，各地鬧「飢荒」，有一批難民逃到我們村子裏，其中有一個由平度逃來的三十多歲的寡婦，孤苦伶仃，來到我家门前，我家人口單薄，正需要人來照顧祖父及兩個稚兒，就

张郁廉手稿（第 4 页）

目　录 | Contents

序言

杜南发

白云飞渡情悠悠

——读中国首位战地女记者张郁廉手稿记

20 世纪 90 年代的一天，雕塑家孙宇立来电，约我到他的苏菲亚山工作室。

苏菲亚山是座闹市里的小丘，学者郑子瑜住的建安大厦在上山前的路口，斜坡路尽头是“二战”前美术家林学大创办的南洋美专，孙宇立的工作室就在路段中间。

孙宇立是专业建筑师，原任职于华盛顿世界银行总部都市重建处，后回新加坡创业，为了兴趣，毅然决定放弃建筑专业，一心从事雕塑。80 年代，艺评家刘奇俊介绍我们认识，那时他正苦思创作路向，想解决西方拓扑学与中国易学之间的问题，多次与我深夜长谈，交流意见，成为好友。

他曾告诉我，他母亲是我同行前辈，为中国早期第一位战地女记者；那天约我见面，是因为老人家刚到新加坡，希望能和我见面。

一进门，便见一位穿着朴素、相貌慈祥的老太太，气质优雅，端庄有度，当然就是孙妈妈张郁廉女士了。这年她已八十多岁，依然走得快而腰板挺直，握手有力，言谈爽朗，充满自信。

喝茶聊天，她对新加坡的新闻行业情况很感兴趣，也谈了自己早年抗战见闻，尤其是战场的残酷，谈她在台儿庄大战结束第二天来到现场所见的情景，以及她半夜穿越日军封锁线的惊险经历。

热带午后，在南方国度，安静的室内，听着报业前辈淡淡述说自己半世纪前惊心动魄的战场故事，感受良深。

初次见面，轻松闲话，已觉得内容丰富，便相约择日再作专门访谈。但报社事务繁忙，一再耽搁，想起再联系时，老人家已回乡了。

有机无缘，只能错过；蓦然回首，暮云已远。也就只能放在心中，成为一段不完整的记忆。

二十多年后始读到的手稿

二十多年后，孙宇立已是新加坡的雕塑名家了，一天，他告诉我他母亲 2010 年过世后留有一部手稿，原是准备写给儿孙们阅读的自传，他觉得有些内容我可能会感兴趣。

连夜拜读，一口气读完，感觉亲身经历了一个大时代的激荡，心情起伏，一时难息。

文稿不仅记述了张郁廉作为战地女记者，亲身经历中国抗战时期的几场重要战役，如台儿庄之役、徐州突围、武汉撤退、长沙大火、中条山游击战、重庆大轰炸等；还详细追述了 20 世纪初她从小被寄养于东北哈尔滨白俄家庭、考入燕京大学、参加 1935 年北平学联发动的“一二·九”运动，因为俄语娴熟而先后在塔斯社等国内外新闻机构从事新闻工作的经历。

更有意思的是，她还曾陪同苏联战地记者前往延安，和毛泽东握过手，听过他的演讲。

文稿也记述了张郁廉 1944 年和青梅竹马的北平大学经济系高材生孙桂籍结婚，1946 年随丈夫到东北的经历，当时孙桂籍是国民政府负责接收哈尔滨市的社会局局长，后来又先后担任东北物资调节委员会常务委员兼储运组组长、旅顺市市长和长春市市长，张郁廉则担任国民党中央通讯社沈阳和长春分社的采访组组长；记述了 1948 年全家如何在辽沈战役时在长春经历战事、辗转到台湾等情节；还记述了她和作家韩素英（韩素音）夫妇、燕大校长梅贻宝夫妇、对台湾经济发展贡献巨大的孙运璿等许多时代人物的交往，以及她后来如何成为书画名家黄君璧“白云堂”最早弟子的故事。

整部文稿是一份自传，是一位知识女性在那个新旧交替社会的真实人生，更是那个风云激荡大时代的一个剖面。淡淡的笔触，娓娓叙述着一个大时代的苦难和悲辛，战争生活的残酷，一个个平凡又不平凡的故事，读来令人感慨良多。

枪声不断、炮声轰隆中走访战地（图中骑马者为张郁廉）

中国首位战地女记者

阅读这份文稿，我最感兴趣的是关于“中国第一位战地女记者”的问题。

“中国新闻史上第一位采访战地新闻的女记者”，这是当年国民党中央通讯社社长萧同兹对张郁廉的评价。

全面抗战前期的徐州会战，是中国新闻史上首次有中国女记者出现在战场，张郁廉便因当年亲赴采访而获得这项殊荣。

徐州会战指 1938 年 1 月至 6 月间，中日两国军队以徐州为中心展开的一系列激战，是中国抗日战争中一次重要会战，双方共出动 80 万大军，连战数月，伤亡逾 12 万人，最后虽以中方撤守徐州结束，但其间爆发了著名的台儿庄会战，此次会战共歼灭日军精锐二万余人，打击了日本侵略者的嚣张气焰，坚定了全国军民坚持抗战的信心，鼓舞了全民族的士气。

据张郁廉记述，她于 1938 年 3 月受苏联塔斯社汉口分社社长罗果夫委派，与塔斯社总社派来的军事记者一起前往徐州战区采访，她所住的花园饭店，就遭日本军机多次轰炸。

她也记述了她在战火中搭军车前往徐州城外五六十公里处的台儿庄前线，到作战部队旅长指挥部采访。当时周围枪声不断，炮声轰隆，参谋长覃异之少将对她说“你是到最前线我旅部的第一位女记者”，还送给她一把德制勃朗宁小手枪自卫。

据查考，这位覃异之参谋长所在的部队是第 52 军 25 师，为台儿庄会战主力攻击部队。抗战后，在东北辽沈战役的长春战事时，覃异之还曾和已是长春市市长夫人的张郁廉相遇，当时他已升任第 52 军军长，1949 年他在香港通电起义，回北京担任水电部参事室主任、国防委员会委员等职。

但我发现当年在徐州战场上，除了张郁廉，还有另一位战地女记者，而且和新加坡有关！

她就是《星洲日报》特派记者黄薇。

黄薇是福建龙岩人，厦门集美学校和女子师范学校毕业。因兄长移民新加坡，曾到新加坡探亲，后考入日本明治大学。全面抗战开始，她和许多留日学生一起回国，组团到新加坡和南洋各地宣传抗战，1938 年 3 月以《星洲日报》特派记者身份回中国，有“华侨记者”之称。

当时《星洲日报》总编辑为关楚璞，兼任主笔，经常撰文支持抗战，立场鲜明，或许因此决定特聘黄薇为特派记者，回国采访当时读者最关心的抗战新闻。

回国一个月后，1938 年 4 月，黄薇便以新加坡《星洲日报》特派记者身份，参加武汉新闻界组织的记者团，前往徐州抗战前线采访，是武汉战地记者团中唯一的女性。（中华人民共和国成立后黄薇担任中共中央对外联络部处长。）

虽然徐州战场上同时有两位战地女记者，分别随苏联战地记者团及武汉战地记者团行动，但考虑到张郁廉 1938 年 3 月中旬已经到了徐州，黄薇则是 3 月才从新加坡回国，4 月方到徐州，时间相差一个月，因此，称张郁廉是“中国新闻史上第一位采访战地新闻的女记者”，是合理的。

她们两人还有一段因缘，就是当年记者们在徐州突围时，各有惊险经历，张郁廉就走了 21 天才穿越日军封锁线，回到武汉。徐州会战结束一个月后，重庆生活书店曾收集有关报道，出版《徐州突围》一书，由黄薇写序，书里就收录有张郁廉写的《徐州最后的一瞥》。

虽然中国战地女记者首次出现在战场上，是 1938 年的徐州会战，但在更早的一年前，已有一位女性，活跃在 1937 年 8 月爆发的淞沪会战的战场，在上海周围战区活动，写了许多战场通讯和文艺作品。

她就是传奇性的女作家胡兰畦。

胡兰畦的经历，十分传奇，她曾以时尚俏女郎登上过《良友》画报的封面，留学德国，坐过纳粹德国的监狱，是民国时期被授少将军衔的少数女性之一，曾作为中国作家代表出席过苏联第一次作家代表大会，倍受苏联大文豪高尔基赏识。

但当年在淞沪战地上活动的胡兰畦，并非记者身份，而是率战地服务团进行宣传教育工作和战地救护工作，其战场通讯也多与著名战地记者范长江合写。因此从严格定义而言，并不能算首位战地女记者。

当然，所谓“首位战地女记者”之名，只是一个记录问题，重要的是这些新时代的中国女性知识分子，在国家危难时，不顾自身安危，亲赴战场，各自挥笔对抗战做出贡献，这才是真正的意义。

在日本国会图书馆资料室，有一本绪方昇著作《中国采访》，1941 东京日日新闻社出版，书中第一部分就有一篇文章，题为《九位投身抗战的女记者》，第一位就是塔斯社张郁廉，其他依次为路透社赵敏淑、《星洲日报》黄薇、《中央日报》封禾子、《大公报》彭子冈、《新民报》浦熙修、《时事新报》冯若斯和熊岳南、《新蜀报》张志渊。

书作者绪方昇，是昭和时代诗人，学者绪方南溟之子，毕业于早稻田大学，加入东京日日新闻社到中国采访；战后还创办文学界的“日本未来派”，获得《读卖新闻》的文学奖。

熟悉中国的绪方昇的这本介绍中国抗战的书，第一章就专门介绍这九位中国女记者，或许不够齐全，但至少说明当时在日本方面的情报记录里，张郁廉是名列第一的抗战女记者。

延安采访的时间

张郁廉自述稿里另一份有意思的记述，是她陪同苏联塔斯社记者，访问抗战时的延安所见的情景：

> 我们被安排到招待所去住宿，是一座面积不小的窑洞，抗日大学就在招待所山脚下的一大片空地上，校舍新搭成的……每晨天初亮时，就听到抗大学生在操场上洪亮的歌声。
>
> 我没有机会采访毛泽东，但在一场露天演讲会上曾和他握过手，并坐在众多人群中听他讲话。

但文稿并没有记录她是哪一年到延安的。

幸亏有一篇文章《前苏联摄影师罗曼·卡尔曼的红色延安行》（作者王国宇，刊于《档案天地》2013 年第 12 期），记录了这位专门到延安拍摄电影的苏联《消息报》摄影记者的活动，文中一段文字称：“1939 年 5 月 18 日，他提出要访问八路军医院。这所医院地处延安城东北 40 里处的拐峁，陪同他参观的有萧三、专职女翻译张郁廉、鲁艺政治部主任徐一新三人。”

这段记录，说明张郁廉是陪同卡尔曼一起访问延安的。

另一篇文章《罗曼 · 卡尔曼：在延安的日子里》（作者石磊，载《中国档案报》总第 2511 期，2013 年 9 月 19 日），更清楚记录了卡尔曼是在 1939 年 5 月 14 日到延安，6 月 3 日离开的。毛泽东当年许多珍贵照片及影片，如和农民讲话、一家三口在一起、在窑洞工作、在抗日军政大学演讲等镜头，都是他此行所拍摄的。他写的《毛泽东会见记》一文，同年 7 月 8 日在苏联《消息报》发表，8 月 28 日《新华日报》翻译转载。

在张郁廉生前保留的文件中，就有一封卡尔曼 1941 年从苏联写给她的信，叙述两人因采访建立的友谊。另有他们两人同在湘南地区及长沙大火现场的照片，证明她还曾陪同卡尔曼走遍中国各地战区进行采访。

张郁廉在延安没有访问毛泽东，但 5 月 25 日毛泽东却在杨家岭接受卡尔曼采访，从晚上 9 时谈到深夜 12 时，访问现场只有三人。翻译是毛泽东年轻时的同乡朋友萧三，他作为左联驻莫斯科代表 12 年，当时刚从苏联回到延安才十来天，在莫斯科就认识卡尔曼。

根据有关文章记载，当时卡尔曼是奉斯大林之命到延安，两人在访谈中谈了许多政治问题。从这个角度看，毛泽东没有让张郁廉在场担任翻译，可能有政治立场上保密的考量。

有关文章也提到 1939 年 6 月 1 日，卡尔曼在杨家岭给毛泽东照相，并拍摄题为“毛泽东的工作一日”纪录片，现场也是由萧三担任翻译。当天下午，毛泽东与卡尔曼驱车到南门外的抗大，参加该校建校三周年庆祝会，文章称：“6 时庆祝会开始，那时延安没有电灯，为了利用夕阳的余晖拍摄毛泽东的活动，安排他在庆祝会上第一个讲话。在毛泽东讲话过程中，卡尔曼扛着摄像机，台上台下，会场前后紧忙活，抢拍了许多感人的镜头。”

张郁廉说她在一场露天演讲会上和毛泽东握过手，并坐在众多人群中听他讲话，卡尔曼拍摄了毛泽东一家三口的照片。

在张郁廉保留的旧照片中，我还发现一张抗大副校长罗瑞卿宴请卡尔曼的照片。根据有关记录，罗瑞卿是在 5 月 22 日下午宴请卡尔曼的。

韩素英和孙运璿

这部十余万字的文稿，还记录了许多精彩有趣的文史人物故事，例如周光瑚。

周光瑚是张郁廉在燕京大学经常来往的同学好友之一，中国、比利时混血儿。抗战时，她以笔名写了一本自传体小说《瑰宝》，被好莱坞拍成电影《生死恋》，获得三项奥斯卡奖，轰动一时。

周光瑚的笔名，就是“韩素英”(又译为“韩素音”)。

张郁廉和韩素英两位老同学，抗战时都在重庆，1944 年张郁廉结婚，婚礼上所穿的枣红色旗袍布料、麂皮灰蓝色鞋等物，都是那一年刚到英国留学的韩素英托人带回来送给她的。据孙宇立称，50 年代以后张韩两人还继续通信，那套婚服也保存在家中衣橱多年。

韩素英的丈夫唐保黄，任中国驻英国大使馆武官多年，抗战后回国担任师长，率军驻防沈阳城外的打虎山时，曾特别探访当时在沈阳的张郁廉一家，还对张郁廉说他生肖属虎，这次奉命驻防打虎山，“好像不太妥当”，不久果然在山上战死。

但张韩两人，当时并不知道两人还有一段二代因缘。原来韩素英 50 年代初到马来西亚，在柔佛新山开设环球大药房，住在距药房五分钟步程的一栋单层大宅，她家斜对面有一户郭家，韩素英是郭家的家庭医生。她从小看护的郭家千金郭日丽，后来留学美国，在华盛顿世界银行邂逅孙宇立，与他一见钟情，并蒂连理，成为孙太太，也就是张郁廉的儿媳妇，延续前缘，再成一段佳话。

另一位是孙运璿，台湾地区科技产业最主要奠基者及经济起飞的主要推手。

张郁廉丈夫孙桂籍，和孙运璿是东北的同学和终身挚友。

文稿透露，当年孙运璿在哈尔滨工大读书时，因为是全班最矮、年龄最小、读书却最好的，还因此得了个绰号“小孙子”。

1945 年抗战胜利那一年，孙运璿刚自美国受训返重庆，就成为孙桂籍和张郁廉夫妇家中常客，经常和一群东北同学好友，为了张郁廉煮的俄式风味“罗宋汤”而到这里聚会“解馋”。

抗战结束时，孙运璿和同事被派往东北辽宁接收电力资源，到了重庆郊外的飞机场，还有十分钟就要起飞，忽然接到电话，要孙运璿留下接待几位美国工程师，他只好从机场折回，行李先由同事带去东北。没想到不久辽沈战役爆发，孙运璿辗转到台湾，平步青云，最后当了台湾地区行政管理机构负责人。

当年一通电话，就改变了一个人的命运。大时代的悲喜，如此简单就决定人的一生，令人感叹。

孙运璿和孙桂籍是终身莫逆之交，后来孙运璿成家，两家人成为通家之好，来往密切。孙桂籍后来担任台湾地区立法机构党部书记长，孙运璿在他的自传中谈及这位相交四十年的好友，“把政坛派系、官场惯例……都一一传给了这位小老弟，并摆平他与‘立委’间的歧异”，对孙运璿在政坛的发展有重要帮助。

“患难交深，爱我如弟，视君如兄，后死敢忘一言诺”，孙运璿亲自为孙桂籍撰写的挽联，就流露出他们之间如兄如弟的深厚情谊。

新发现的萧红照片

张郁廉自述文稿，写作时只想为家人留个纪念，并未想过出版，只凭记忆书写，不免会有疏漏。

幸亏她留下许多旧照片和一些信件，可以补充一些有意思的故事。例如，我就在旧照片里发现了一张著名作家萧红从未出现过的“新”照片！虽然，张郁廉和萧红、萧军、端木蕻良等 39 人一起被《大公报》列为“东北作家群”（1940 年 9 月《大公报 · 九一八纪念特刊》)，但在她的这部文稿中，并未见到有关萧红的记述。

据孙宇立忆称，当年台北有一杂志社访问张郁廉时，张郁廉谈到萧红，可惜已忘了期刊名称和文章内容，但此事可证明她们两人应该相识。张郁廉还提起过家里有一张和萧红的照片，可惜好像是被杂志社借走，下落不明。

据我查考，张萧二人早期生活行迹，除了在 1927—1930 年同时就读哈尔滨第一女子中学外，并无其他交集。但是，1938 年 12 月 22 日，萧红曾在塔斯社重庆分社，接受苏联记者（社长）罗果夫的采访，当时张郁廉就在塔斯社负责翻译采访，两人再次见面及拍照，最有可能就是在这时候，但没有照片佐证，只能揣测空想。

一天下午，孙宇立和我一起查阅旧照片，突然发现一张略有折痕的老照片，正是张郁廉和萧红的合照！

照片是在一幢石块砌成的两层洋式楼房前拍的，楼房就是位于重庆枣子岚垭的塔斯社办事处，证明我原先的推断是正确的，两人果然是在萧红接受访问这一天见面合照的。

这张照片，还有一个特别意义。

据萧红生平记录，她是在这一年（1938 年）9 月中旬，怀着七八个月身孕，从武汉来到重

1938 年 12 月，萧红与张郁廉摄于重庆枣子岚垭

庆，不久就到郊外江津的白沙镇，投靠东北作家友人白朗、罗烽夫妇待产。11 月下旬在江津产子夭折后，12 月初就离开江津返回重庆，和日本友人同住在米花街小胡同池田寓所。

12 月 22 日萧红到塔斯社接受访问，并拍下这张合照。这一天，正是她满月刚过的时候，所以照片中她的神色，显得浮肿憔悴，还要张郁廉一旁略微扶助。

这是萧红生产后唯一拍摄的照片，张郁廉保留照片原件半个多世纪，这回“出土”，可说是萧红研究一项最新发现，是一次难得的惊喜。

绥远旧风情

张郁廉还有一批 30 年代在绥远各地所拍的旧照片，照片背后写有包头街市、西公旗旗政府、包头县政府、石王府、五当召、梅力更召、包头转龙藏、绥远昭君墓等地名。

绥远是一个已经消失的省份，在今内蒙古中部，1954 年并入内蒙古自治区。当年一般人要去那里，无论旅行或采访，都很不容易。但如此独特的行程，自述文稿内却未见详细记录，究竟她何时前往绥远采访，成了谜团。

经分析，张郁廉在 1937 年年底才到塔斯社汉口分社开始新闻工作，而绥远各地在当年 10 月即被日军占领，已不可能前往采访，因此这些照片拍摄的时间，最有可能是她在燕京大学读书的时候。

再重复细阅文稿，果然发现文内提到她参加燕大课外社团的活动及由学生会主办的旅游活动时，有一句“我也曾……到内蒙古西公旗等地，夜宿蒙古包，还到古迹名胜参观游览”。

这一句话，证明了她果然是在此时前往内蒙古西公旗等地，但文中并未写明时间，也未能解释当时她经济条件并不好，如何能到如此偏远的地区旅游。

后来查阅资料，发现在 1936 年春，绥远省政府曾邀北平数所大学组成绥蒙考察团，为期两周。学生们分成三组，分别到包头、百灵庙、西公旗、四子王旗等地考察。

张郁廉显然参加了此行，和同学前往西公旗、南海子乡、石王府、五当召等地。

考察团出发合影于绥远火车站前（后排右二为张郁廉）

这次行程，背景并不简单，就在考察团出发前一个月，北平爆发了著名的“一二·九”运动，各大学的学生上街发动反日游行。考察团的成员，有许多都是学生运动的积极参与者，如朱祥麟、周应霖等，张郁廉也是其中之一。

朱祥麟就是后来《大公报》著名战地记者朱启平，曾采访太平洋战场上的冲绳岛、硫磺岛等战役，并且参加了密苏里号战舰上的日本投降签字仪式。张郁廉文稿里就有提到和他团

“一二·九”运动认识、交往。

有关朱祥麟和周应霖的文章，都说他们当年到绥蒙“考察”，是为了宣传抗日。

1936 年春的绥远政局显然也有此需要，当时代表中央政府的省主席傅作义，和属亲日派的伪蒙疆政府关系很紧张，让被“一二·九”运动激发爱国热情的北平大学生去宣传抗日，自然有利于当局压制亲日派。或因如此，绥远省政府才会邀请他们前往“考察文化并联络蒙胞感情”。

此行半年后的秋天，绥远就爆发了著名的百灵庙战役。

张郁廉文稿称，当时燕大有一位学长赵锡霖，曾专门买一台相机，“尽量也参加我去旅游的地方……为我拍照、送照片，多方接近我”，所以这批照片应该都是他所拍摄。赵锡霖后来留学德国，成为中国著名冶金专家。孙宇立说 90 年代还曾陪同母亲到北京和他见面。

照片集里，特别有意思的是有一张写明“西公旗扎萨克”的照片。

扎萨克就是旗主，西公旗全名为“乌兰察布盟乌拉特西公旗”（今内蒙古乌拉特前旗），照片中这位旗主即人称“石王”的蒙古王公，名为石拉布多尔济，他支持国民政府，和另一位亲日派王公“德王”对峙。

1936 年 9 月“石王”病亡，这张半年前春天拍的照片，可能是他最后一张历史性照片。

“石王”的妻子（福晋），就是著名的蒙古族“抗日女王”奇俊峰（蒙古名色福勒玛）。日军占领包头后，她率部在绥西坚持抗日战斗，1940 年到重庆见蒋介石，获授中将。

照片中就有张郁廉和同学在石王府及与蒙古贵妇的合照，不知其中是否有当时还未成名的奇俊峰。

右立者为西公旗主札萨克“石王”

另几张写明“前往包头新村路上”及“南海子乡

在黄河边上”的照片，也有意思。

30 年代初期，中国曾有过一次乡村建设运动，著名学者晏阳初、梁漱溟、陶行知等都积极推行新村建设实验区。

段绳武将军就于 1935 年前后将大批河北灾民安置于绥远的“新村”，其中半数安置于包头东南郊南海子乡，以垦发边荒、救济贫民、建设新村。

到南海子乡参观新村建设

张郁廉等北平各大学学生 1936 年春到包头，正是新村建设半年后，所以当地会专门到南海子乡参观这些新开拓的“特区”。

其中一张西公旗旗政府照片背后，还特别写明“我们住这里”。当年绥远地区的匪患闻名全国，据记录 1931 年绥远著名匪首就有 265 人，大学生们住在旗政府里，应是为了安全考量。

1936 年春北平各大学生组织的绥蒙考察团，记录资料很少，张郁廉保留的照片，可说是为这次历史之行，留下了一份宝贵的记录。

白云飞渡情悠悠

这部自述文稿和照片，记录了在那个思想封建保守的时代，一位民间女子的奋斗和人生经历。文字里有逾半世纪的战火和动荡，有许多当年大江南北真实的生活民情，有血有泪，有情有爱，虽是笔墨轻淡，叙述朴实，那份情真，却很感人。

情至不矫，雨润无声。最朴实的感情，犹如无声的雨，悄然染湿天地，淡然如是，真实如是，深刻如是。

有缘有幸，拜读这份文稿，我立刻建议孙宇立应用心整理出版，让我的这位报业前辈——中国首位战地女记者，能够被世人知道她的一生，也为时代留下一份真实的个人印记。

手稿中有一段话，应该最能说明张郁廉执笔为文的心情和心意：

> 多年来，我所看到的、听到的、亲身经历的都是妻离子散或生离死别的人间大悲剧，而这些都是日本惨无人道的侵略战争所造成！这血海仇恨永烙我心，中华儿女又岂敢稍忘？！

简单几句话，凝聚着无数血泪的烙印！

淡然笔墨，血泪心情。文稿写来，没有浮滥的悲情，字里行间，却都是刻骨铭心的记忆，永难忘怀的伤痛和义愤。

江山万里，一片白云，悠然飞渡。

家国在心，天地浩气，凛然长存。

我建议以“白云飞渡”为书名，因为张郁廉早年身为白俄养女，乱世南北飞渡，晚年濡墨白云堂，一生前后皆是“白因缘”（佛教称“白因缘”为“善缘”）的写照，更是借此表达对这位大时代儿女巾帼意气的一份敬意。

第一辑

离散岁月

（1914—1931）

聚聚二岁半时，生母的生命在匆忙和无奈中过早地结束，父亲忍痛把聚聚送给俄国人阿里莫夫夫妇收养，改名佐雅。五六岁时，阿里莫夫夫妇和平分手，此后，瓦娃搬到郊外懒汉屯独立抚养佐雅。到了入学年龄，瓦娃坚持让佐雅接受正规中国教育，并最终决定搬入道里十六道街东顺祥孙家大院，佐雅也进入第十四道街小学校就读。佐雅后来又改名张郁廉，在东顺祥大院与玩伴度过快乐的童年，并与大院主人家孙家建立起密切的联系，小学毕业后进入了好友孙桂云就读的哈尔滨市立女一中。

孙家大院的主人孙宝书先生字省三，后来成为张郁廉的公公，他就是桂籍的父亲，宇同、宇立、宇昭的祖父。他那时五十岁不到，是受人尊敬的仁厚长者。他身材不高，结实健壮，两目炯炯，十分威严，个性爽朗豁达，讲起话来声音洪亮有力。他思想进步，热爱国家，极富正义感，茶余酒后乐道大彼得、俾斯麦、伊藤博文等俄、德、日各邦维新轶事，对彼时中国官员腐败颟顸，时扼腕太息。

01-01　张孙两家的老人们，在清朝光绪二十二年即 1896 年前后从原籍鲁东莱州，随着一批批血气方刚的年轻人，背着简单的行李，不顾清廷禁令，千里跋涉，多由海路私自出关（山海关），赤手空拳地来到地大物博、人口稀少的东北，甚至西伯利亚闯天下。

01–02 我的父亲张日高和弟弟，才十七八岁，有的是力气，离开家乡，随闯关东的大流，到了完全陌生的东北。他们在冰天雪地之中，忍饥耐寒，走遍松花江流域的大小城镇，胼手胝足，做过各式各样的工作，吃尽苦头。

01–03　我的父亲付出血汗的代价在东北奋斗了十余年后，有了谋生技能，也薄有积蓄，遂返回老家成亲，带着新婚的妻子，再度返回哈尔滨，希望建立起自己的家园，繁衍后代，并期盼家族日渐兴旺。

01–04　我 1914 年夏天在哈尔滨霁虹桥旁的中东铁路局附属医院出生，父亲给我取了小名“聚聚”。后来父亲告诉我这个名字的寓意：他厌倦了离乱的生活，希望有一个安定的家，夫妻子女一起享受天伦之乐。

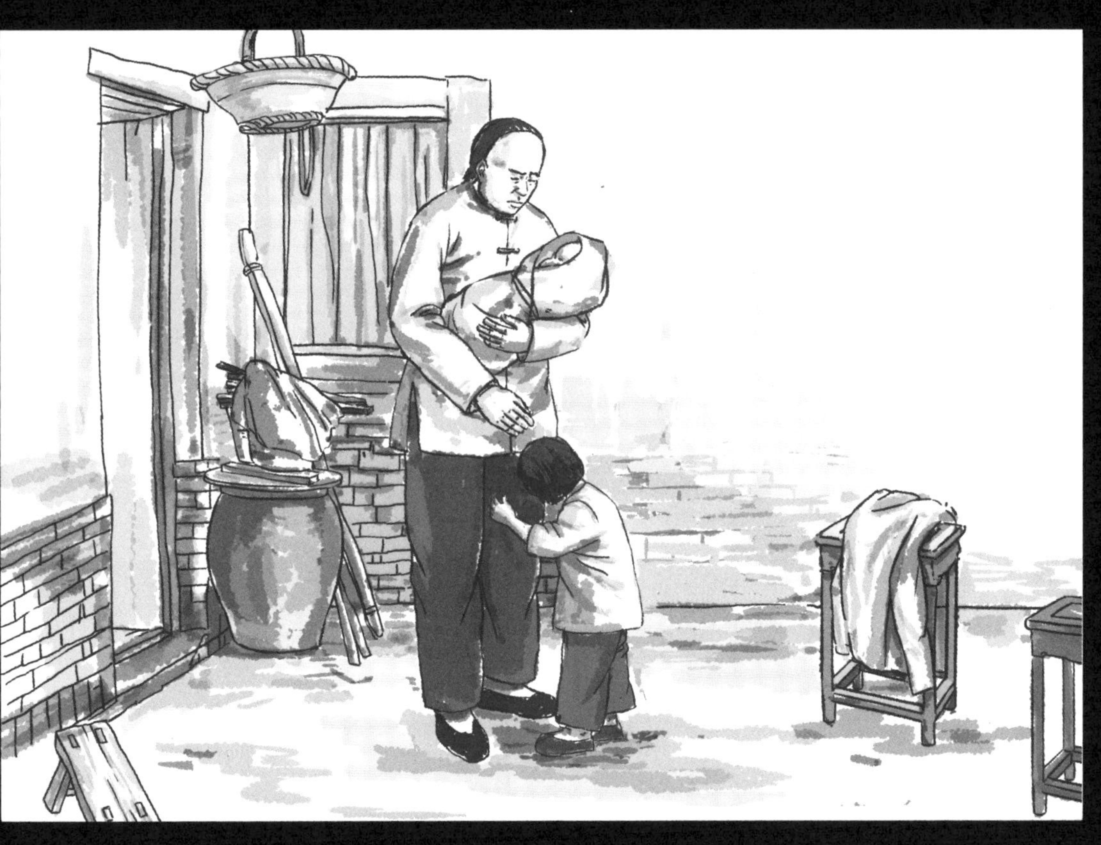

01-05　生母的生命在匆忙和无奈中过早地结束，留下两个嗷嗷待哺的孩子——我和弟弟复成。母亲的骤然离世给了这个家无比沉重的打击，我长大以后，父亲常常对我提起，那段时间他又当爹又当妈，心力交瘁。

01-06　走投无路之际，同街的俄国阿里莫夫夫妇及时伸出援手，欣然接纳了我，并给我取了新名字“佐雅”，“佐雅”在希腊语中意味着生命。阿里莫夫先生是工程师，中东铁路开始修筑时，被帝俄政府派到东北，在中东铁路局位居要津，家境富裕，官舍宽敞，四周有花园围绕。

01-07　阿里莫夫太太的全名是瓦尔娃拉·斯提巴诺瓦，我一直称呼她为“瓦娃”，并称呼阿里莫夫先生为“佳家”。瓦娃长期的潜移默化，循循善诱，使我养成欣赏艺术的品位。她引导我热爱生活，大自然中的一石、一木、一花、一草，都给我带来无限喜悦，我的心灵因之变得丰富和开放。

01-08　每逢圣诞节，佳家所服务的中东铁路局，会为员工家眷举行一场盛大的庆祝会。有一年，礼堂里布置了一棵人工制作的圣诞树，用高大的松树干做轴，再用间隔为二三尺的圆形木板围绕。我被邀上台，和许多花枝招展的小朋友，坐在圣诞树下的圆木板上，缓缓转动。

01-09　五六岁时的一天，我们提着几个衣箱，坐上早已在门前等待的马车，驶向哈尔滨郊区，入住一处叫“懒汉屯”的地方。没有争吵也没有眼泪，瓦娃和佳家以理智友善的方式，结束了数十年的婚姻。

01–10　从此瓦娃把全部的爱和关注都放在我的身上，那一段日子在我一生中留下了最丰富的记忆。瓦娃开始实行有计划的家庭教育，她给我朗读许多世界上最美的童话故事，教我背诵童话诗，教我画画、弹琴、唱歌，带领我从多方面去认识和欣赏自然景物，奠定了我终生对艺术的热爱。

01-11　我一到入学年龄，瓦娃就作了个最明智的决定：佐雅是中国人，必须接受正规中国教育。因此她先送我到附近的中国私塾学中文。这所私塾是萧老师开的，设备简陋，土炕中央摆着方桌，师生盘腿而坐，老师坐对着门口的首位，学生分坐两边。陪伴我的农家女孩，和我岁数相仿，是邻居的孩子，名叫老妞。

01–12 瓦娃请我父亲协助，积极而慎重地寻找新的住所。1922 年夏末秋初的一个下午，瓦娃带着我，离开居住了两年的懒汉屯，结束近似隐居的孤单生活，住进哈尔滨商业区——道里十六道街东顺祥孙家大院。马车一驶进东顺祥的院子，我们就被住在这里的一群孩子包围了。

01–13　我在大院结识了新伙伴“竹青姐姐”孙桂云，她不但是我的好玩伴，还成了我的小老师。搬进东顺祥大院不久，我就跟着竹青姐姐到和家仅隔一条街的十四道街第十六小学校就读，开始接受正规的中国教育。

01–14　第一天上课，女生都梳着扎红绳的小辫子，只有我不同——短短的头发上戴着小帽子，身上穿着同料同色的长及膝盖的外套。当时老师看我装扮不同，故意叫我到讲台前，开玩笑地问：“你是‘小子’，还是‘蛮子’？”

01-15　在东顺祥大院，进入冰天雪地的漫长冬季，大院的孩子们会同心协力，在院子中间，把积雪堆成七八尺高的冰橇台。孩子们手提自制的小雪橇，轮流由冰台后边登级，在最高处，或坐，或卧，或立，溜下来。

01-16　东顺祥大院的主人孙宝书教育子女桂籍、桂云、桂毓的规矩很严，任何时间，父亲一进门，子女马上停止言笑，起立问安，再垂手旁立。遇到这种情形，只有我仍坐在原处。“男大大”总是走过来，摸摸我的头，对我笑笑，逗逗我。

01–17　小学的中国历史科中有关朝代的更替，我一直弄不清楚，瓦娃请桂籍来给我补习，每周一两次，有时他也讲解古文，彼此有了接近的机会，也加深了我对他的钦佩和敬重。同时，美术科杨老师每个星期六也到家来教我写生。

01–18　小学毕业后，我和桂云顺利地考进哈尔滨市立女一中初中部。入学前桂籍建议，把我原来的名字"玉莲"改成"郁廉"。他说，"郁"有"文采美盛"之意，"廉"是清清白白，我父亲表示赞同，我从上初中到今天，都以"郁廉"为名。也就在那个时候，我知道桂籍开始"在乎"我。

01-19　我和桂云又像小时候那样，清晨一起上学，傍晚一起回家。女一中在南岗区，离我们家不近，往返都要乘电车，单程需半个小时以上，有一段路还要步行。

01-20　初中三年我埋头读书，课业成绩一直领先全班，课余在家补习俄文。瓦娃仍利用闲暇或睡前的时间为我诵读，但不再是儿童故事和童话诗，而是俄国古典文学名著，以及言情小说和诗词。

01–21　哈尔滨的夏天虽然很短，但瓦娃不放过难得的机会，带着我和桂云到松花江北岸太阳岛去晒太阳、学游泳。瓦娃也带着我们参加由俄国人组成的短程旅行团，乘火车到哈尔滨附近的小村镇度周末，欣赏大自然的景色。

01-22　我和同班好友林楚华、衣家瑛三人早已仰慕以注重学业、管理严格闻名于全国的天津南开女中，初中毕业前我们就开始筹划，并和家人商量。最后还是瓦娃说服了我父亲，我才得以如愿成行，却没有想到我这一走就永远离开了东顺祥大院，离开了我成长的哈尔滨，也结束了我和瓦娃的因缘。

01-23　收拾行李，即将离开东北，我才知道我对这片土地的感情有多深。正因为我们是在国仇家恨中长大的，眼见自己的家园深受践踏，亲人离散，所以具有坚毅、独立、扎实、勤劳、合群的性格，具有比他人更强烈的爱国心和民族意识，在大时代的激流中不迷失方向。

第二辑

求学经历

（1931—1937）

中学毕业后经过考试，张郁廉被录取为天津南开女中高中一年级的正式学生。不久，“九一八”事变爆发了，张郁廉随着同学转移至北平，新学期后转读北平私立慕贞女中，和远在哈尔滨的家人失去联系，幸而桂籍的母亲领着桂云和桂毓，由沦陷的哈尔滨迁居北平，张郁廉得以暑期搬去和她们同住。和她互生好感的桂籍在毕业之际被家人骗回老家同指腹为婚的未婚妻成婚，张郁廉内心十分受挫，更让她悲痛的是养母瓦娃的突然逝世。

高中毕业后，张郁廉顺利进入燕京大学医学系，在大二时转读教育系，辅修新闻。大三时，“一二·九”运动爆发了，各个大学的学生纷纷参加游行，呼吁政府抵抗日本的侵略。大三暑期，张郁廉按照事先和父亲的约定，由北平辗转到老家朱由村同父亲会合。后卢沟桥事变爆发，张郁廉只能随着逃难人潮，南下南京，再由长江水路随着流亡学生前往武汉，留在汉口。

02-01　1931年6月，我从哈尔滨市立女一中初中部毕业，和同学林楚华、衣家瑛匆匆忙忙赶赴天津。三个人都是第一次离家远行，心中既紧张又兴奋。由哈尔滨出发，乘坐南满铁路的慢车，摇摇晃晃走了两夜三天，终于到了天津南开女中，住进学校的宿舍。

02-02　南开是一所私立学校，为全国名校，包括男、女中学及大学，学校的师资、设备、环境、管理及教学方式，都具独到的风格。我们进南开女中的暑期补习班补习两个月（7、8月），再通过考试，于9月1日被录取为天津南开女中高中一年级的正式学生。

02-03　正式上课还不到三个星期，“九一八”事变爆发了。不久后，日寇在天津策动纠纷和暴动，学校当局权衡全局，经谨慎考虑，万不得已，决定南开三校全部停课，护送学生离开天津疏散到安全地区。我们三个来自哈尔滨的住校生，没有亲友可以投靠，只好加入疏散队伍，被学校护送到火车站，离开天津到了北平。

02-04　我们对北平完全陌生，除了桂籍大哥，城里并无亲戚朋友。好在衣家瑛灵机一动，想起她父亲有个姓赵的老朋友，住北平西单牌楼附近。于是三人投奔衣家瑛的赵二大爷家，请他暂时收留我们。赵二大爷祖上是官宦人家，世居北平，宅地宽敞古朴，有数进四合院房屋。

02-05　我们在赵府大概住了两个多月，到 1932 年 1 月，北平各中学的寒假结束，即将开学时才离开。我们三个人经过多方打听和考虑，各自选定了适合自己条件的学校。我决定转学到北平私立慕贞女中，插班读高一下学期。

02-06　慕贞女中历史悠久，始建于清朝同治十一年（1872年），以管教严格著称，由正当盛年、博学多才、获有科学学位的郑乃清先生任校长。学校环境和宿舍设施很好，我可以住校，城外的火车驶过的隆隆声，在清晨和深夜里特别清晰，往往引发我对瓦娃和家人的思念，泪水流湿枕头。

02-07 “九一八”事变后，日本侵占东北，我和远在哈尔滨的家人失去联系，连经济供给也完全中断。好在天无绝人之路，同年（1932 年）盛夏 6 月，桂籍的母亲领着桂云和桂毓，由沦陷的哈尔滨迁居北平，租住东城东总布胡同 10 号。我放暑假时也搬去和她们同住，半年后才返回慕贞住校。

02–08　桂籍的母亲在桂云、桂毓就学问题顺利解决后，安排了两人住校，从此三个子女都在北平，可以互相照顾。她便安心地离开，返回一别数十年的山东掖县（现山东省莱州市）麻渠村老家，那是 1933 年初。

02-09　桂籍于同一年 6 月从北平大学商学院毕业，正计划赴首都南京就业，忽然接到由山东打来的加急电报，说他母亲病重垂危，要他急速返乡。他匆忙离开北平赶到老家麻渠村，才知道“中计”——家人骗他回来，好和早年长辈指腹为婚的女子成婚。

02-10　在传统道德、礼教观念、道义、亲情和恩情的重重围困中，桂籍无计可施，硬着头皮娶了从未谋面、毫无感情可言的“未婚妻”史姓女子。我知道桂籍在山东突然结婚，感情确实受到很大的挫伤，只好强忍眼泪，把痛苦深藏心底，我立誓要把和他那段纯情的初恋彻底忘掉！

02–11　也是这一年，我遭逢更大的不幸，我亲爱的瓦娃遽尔去世。我被山呼海啸一般的悲恸击倒了。我由桂云陪同，连夜由北平赶回哈尔滨。走进东顺祥大院二楼我们的家，家中祥和的气氛依旧，只是不见我亲爱的瓦娃了。

02-12　瓦娃的灵柩停放在希腊正教教堂中，四周围绕着黄色和白色的菊花。瓦娃神态安详闭着双目好像睡着了。祈祷仪式过后，我再一次，也是最后一次亲吻她冰冷的额头，热泪滴满瓦娃的脸。无论我怎样呼唤，怎样哭泣，都唤不醒我最亲爱的瓦娃了。

02-13　由于连年战乱，我再也没有见过养育我的佳家，多年后在弟弟的陈述中得知，由于后来俄国时局变化，佳家流落在中国，晚年情形十分凄惨。他走投无路，多次上门求食，父亲总是尽量把自己那一份浇上白菜汤的热高粱米饭给他。得知此事我不禁热泪满眶。

02–14　在慕贞女中，一位教英语的美籍教师瑞教士像慈母一般，对我关怀备至，保护我，鼓励我，还在她的居所为我举办毕业晚宴。同年我顺利通过了燕京大学的入学考试，被医预系录取，成为班中四位保送生里唯一被录取的学生。

02-15　1934 年 9 月 1 日，我到燕京大学报到。在四季分明的北平，9 月，秋风送爽，桂花飘香，树叶变黄变红，被誉为“世界最美丽校园”之一的燕大风景如画，中国宫殿式的建筑、湖光、塔影、岸柳、古松、林荫小路及绿草如茵的广阔草坪，令人心旷神怡。

02-16　燕大的医预系，最出名也最难念。第一年功课的压力很大，尤其是数、理两科，教我叫苦连天。因为慕贞女中重文轻理，做理化试验的设备简陋不全，虽然经同学介绍，请了化学系三年级的学长赵锡霖（哈尔滨老乡）给我补习，也难立即见效。

02-17　好不容易熬过了十分吃力的医预系一年级，成绩平平。眼看医预系二、三年级的课业将更繁重，加上燕大是私立“贵族学校”，学费和其他开销比其他大学高出许多，学医加上协和医院实习要八年，费用很高，而我的经济来源已成大问题，将来的处境更加难测。我左思右想，决定放弃学医，转到文学院教育系。

02–18　在燕大上学期间，我结识了好友李赋萧、景荷荪还有王玉彬，建立了纯真坚固的友谊，但最后由于北方严酷的时局和种种原因，她们都相继转学至南京的大学。这么一来，四个好朋友只剩下我一个人留在燕大。

02–19　我的三位好友相继离开燕大后，我开始和不同系但同年级的同学交往，认识了主修历史的郭可珍、主修英语的张心漪、医预三年级的周光瑚。在天津南开高一认识的余梦燕，也在燕大相遇。

02-20　燕大课外社团的活动很多，我选了感兴趣的参加。周末也参加一些由学生会主办的郊游，在北平近郊，骑小毛驴游香山或西山八大处。凡是我参与的旅游，赵锡霖学长也以为我拍照、送照片为理由，尽量加入，目的是接近我。

02-21　这期间，我认识了燕大名诗人程应鎏（镠），他是历史系三年级学生，诗作经常以笔名“流金”在燕大校刊上登载。在皓月当空、繁星满布的夜晚，他邀请我漫步于燕大幽美宁静的校园，耐心地指点天上闪烁的星星，叙述有关的神话传说。

02–22　日本帝国主义自从侵占我东北并逐步入侵华北以来，气焰日长，野心益炽，狂妄横蛮的行动变本加厉。而当局坚持“攘外必先安内”，一再妥协退让，遭到全国人民的反对。北平各学校在中共地下党的组织领导下，于 1935 年发动“一二 · 九”（12 月 9 日）及“一二 · 一六”（12 月 16 日）爱国学生运动。

02-23　大学生的第一次游行，我参加了，但队伍被军警挡隔在西直门外，无法进城。大家在城门外聚集，站立了一整天，不顾寒冷饥饿，高呼口号、唱爱国歌曲、演讲，情绪十分亢奋。一位同学和警察理论，他手中的校旗被警察强行夺走，我站在附近，一步跃上，把校旗从警察手中夺回来，交还给掌旗的同学。

02-24　在燕大两年（1934 年到 1936 年），我和桂籍无任何往来。这期间他母亲病故，他和史姓女子办妥了离婚手续，结束了这段有名无实的婚姻。1936 年他曾到燕大探望过我一次，送了我一个用苏联乌拉尔山石做的胸针。

02-25　1937 年 6 月下旬，燕大放暑假。我按照事先和父亲的约定，提着简单的行李离开学校，乘平沪火车到济南，换乘烟潍（烟台、潍县）公路的客运汽车到掖县朱由村，和先我从哈尔滨回来的父亲会合。父女已三年没见面了。我们的计划是在乡下同度暑假，然后，父亲返哈，我回燕大读完最后一年（四年级）。

02-26　靠海的朱由村，是充满温馨亲情的小村庄，宁静、淳朴，没有人世血腥的战乱，只飘散着咸咸腥腥的气味，那是海风送来的。我千方百计为父亲做事，以尽孝道，为父亲洗衣服，傍晚放下蚊帐，铺好被褥、枕头，再用大蒲扇扇凉，并驱除帐内的蚊虫。也在那个时候，我向父亲承诺，将来由我负责弟弟们的教育。

02-27　在朱由村居住时是夏天，父亲带我到离家二三里的莱州湾。他找来一根长竹竿插在沙子里，把我脱下来的旗袍和他的衣褂挂在竹竿上，我穿着衬裙跳进海水里。多天后村里议论纷纷，大家都声称，看见女生下海，是“生平第一次”。

02-28　7 月 8 日傍晚，平里店传来消息：卢沟桥事变爆发，局势严重。我和父亲再三商量，结论是：我既无法回北平，也不可能回哈尔滨，更不能留在朱由村，只有随流亡学生去南京一途。到了那里，再看情形，转学读完大学或找工作。

02-29　到了动身日期，父亲送我到平里店，我手提由北平带来的简便行李，两人心情异常沉重。没有想到，在等候南下汽车时，遇见了桂毓父子俩，大家很是惊喜。“男大大”带着期许的眼光对我说：“有桂毓和你结伴，我们都可以放心了。到南京找桂籍，他会替你们想办法。”

02–30　到了南京不见桂籍，日军又大举入侵南京，流亡学生又紧急疏散，由长江水路通往武汉（武昌、汉口）。到了汉口，我和桂毓暂时住在桂云家。桂云和胡震夏在上海结婚，和婆婆及小姑胡九思同住，已生长子胡千里，尚在怀抱中。

02-31　我和王玉彬在汉口重逢，她也是由南京逃难来的，住在女青年会。10 月，景荷荪也随同大批军眷从南京乘船疏散到后方，途经汉口与我们相聚。善解人意的荷荪看我身上衣服单薄，将她的外套送给我御寒。她临行前又悄悄塞了些钱给玉彬，嘱她代买围巾、鞋、帽、手套给我御寒。

02-32 程应鎏也随流亡学生来到汉口找我，他邀我同他返家乡江西九江避难。适逢桂籍因工作关系路过汉口，我介绍他俩相识。两人经过长谈，程应鎏留下长诗一首，黯然乘船离去。

第三辑

记者生涯

（1937—1942）

在汉口，张郁廉进入苏联塔斯通讯社汉口分社上班。全面抗战已经开始，第二次国共合作也正式形成。日本帝国主义在南京进行了惨无人道的大屠杀。战云密布之际，塔斯社派来数位战地记者实地采访，张郁廉被派遣随同这批记者到徐州战区协助采访，随后调往塔斯社重庆分社。在重庆期间，张郁廉又协同一批塔斯社战地记者和《消息报》摄影记者卡尔曼飞往前线采访。同年，张郁廉陪同卡尔曼历经险阻到达延安采访。在塔斯社工作了将近三年后，张郁廉又来到国民党中央宣传部国际宣传处报到，工作更为忙碌。太平洋战争爆发后，以中、美、苏、英四国为首的二十六国代表齐聚华盛顿，签署《联合国家宣言》，国际反法西斯联盟正式形成，中国的抗日战争也进入了新的阶段。

03-01　卢沟桥事变爆发后，全面抗战的初期，苏联是第一个给我国提供军事及经济援助的国家。正逢苏联塔斯通讯社汉口分社扩充业务，而我的条件正适合（会俄语，大学辅修新闻），再经张冲先生及桂籍的推荐，马上被录用了。

03-02　1937 年底，我初到塔斯社汉口分社上班，社长罗果夫先让我学习使用俄文打字机，然后让我把每日中文报纸上的消息翻译成俄文。罗果夫年纪四十开外，体型矮胖，精力充沛，能言善道，交际手腕灵活，广交各阶层朋友，会说点中国话，被誉为“中国通”。

中國共產黨為公佈國共合作宣言

中國共產黨中央委員會

03-03 全面抗战开始，日军向北平进犯。1937 年 7 月 30 日，日军攻陷天津，8 月 4 日北平沦陷，日军大肆焚掠，疯狂破坏。紧接着，8 月 13 日，淞沪会战爆发……就在 7 月 15 日，中共中央向国民党送交《中国共产党为公布国共合作宣言》，国民党中央通讯社于 9 月 22 日发布，标志着第二次国共合作正式形成。

03-04　1937 年 12 月 13 日，日军占领南京后，进行了长达六周骇人听闻的血腥大屠杀，中国平民和解除武装的军人被枪杀、焚烧、活埋以及用其他方法残忍杀害者，达三十万人以上。无数妇女遭到蹂躏残害，无数儿童死于非命，1/3 建筑遭到毁坏，大量财物遭到掠夺，昔日繁华的古都成了人间地狱。

03-05　战云密布之际，塔斯社派来数位战地记者，社长罗果夫就安排我随同这批记者到徐州战区，协助采访。3 月中旬我们从汉口乘火车经洛阳、郑州、开封到徐州，住在城内徐州花园饭店。

03-06　重庆派来的苏联军事顾问及国内外各通讯社、报馆派来的记者，也集中住在这里。于是，这家旅馆成了日军每次空袭的目标，中弹数次，部分房舍被炸毁，但我们没有搬走。

03-07　不久我们离开徐州，奔赴前线。记者们年轻力壮，满腔热血，身负使命，早已把生死置之度外。我们到过的最前线，是枪林弹雨中的作战部队旅部。在枪炮声中，52 军 25 师参谋长覃异之接见我们，详细讲解、分析前线的战况，不厌其烦地回答记者们提出来的问题。

03-08　我们离开旅部时，参谋长覃异之对我说：“你是到最前线我旅部的第一位女记者，使我敬佩。这支德制勃朗宁小手枪送给你，需要时拿来自卫。”我带着这支小手枪，辗转于长沙、武汉、重庆，到成都燕京大学续读大学四年级时才卖掉，钱拿来作路费和学费。

03-09　1938 年 3 月 14 日起，日军主力由津浦路正面南下，猛扑滕县，拟袭取台儿庄。不料日军在以为唾手可得的台儿庄前，遭到守军的顽强阻击，台儿庄空前大捷。我们一群记者正在附近前线访问，于台儿庄大捷后第二天就赶到台儿庄。眼前景象，处处残酷无比，教人想到血战的惨烈，实在难以描述！

03-10　5 月 19 日，弃守徐州。全部中外新闻记者、军事顾问、战区内的文职及政工人员，集中起来，分队分组，在大军前、后、左、右的保卫中，浩浩荡荡徒步突围。我们昼伏夜行，走走停停花了 21 天，6 月初才突破日军的包围圈，到了河南信阳乘火车，两小时后平安抵达汉口。这便是名垂青史的“徐州大突围”。

03-11　大突围路途中，忽然看到远处有二三架日机朝我们的方向飞来，大家纷纷向两旁稻田躲避。日军飞机低得我们可看到机翼上血红的太阳标志，轰轰地掠过，轰炸停在路上的汽车，扫射附近的田野。我赶紧面朝下抱头躺着，子弹像雨点在四近噗噗作响，我腿上溅有血滴，又听到身旁有人呻吟。

03-12　回到汉口，我马上到塔斯社上班，忙着整理资料，写报告。工作之余，我将在前线亲历的战况及采访写成文章投寄各报章杂志，有幸于1940年被《大公报》列为“东北作家群”一员。

03-13　七八月间，我和部分同事奉调到塔斯社重庆分社工作，一行乘船离开武汉，沿长江经三峡到重庆。三峡全长 193 公里，素以壮丽惊险闻名于世。沿途江流湍急，有万马奔腾之势，江面迂回曲折，险滩处处。两岸高峰入云，重岩叠嶂，鬼斧神工，走过才真正领略“蜀道难”。每艘入川的船，一定要有经验的舵手领航。

03-14　重庆分社坐落在枣子岚垭，要爬数百级陡峭石阶。苏联和其他各国的机构多聚集在这里，在抗战时期算是最舒适、最安全的。我和一位来自上海的打字员白俄女孩索妮亚同住，我负责把中文报纸的社论摘要译成俄文，需要时，如参加记者招待会或社长作访问，我也做口头翻译。

03-15　我到重庆后，武汉的局势日紧。另一批塔斯社战地记者和《消息报》摄影记者卡尔曼来到重庆。社长罗果夫又派我随同，取道汉口，赴湘鄂战地采访，我毅然答应前往。我们一行四五人从重庆搭乘一架送邮件的小飞机飞赴汉口，小飞机沿途在丰都、万县、巴东、宜昌等地降落，送收邮件。

03-16　我们先到濒临湘江的湖南省省会长沙，在长沙附近采访一批日本俘虏，他们一共 13 人，低头坐在路旁，有的头部缠着纱布。他们口是心非，信口雌黄。这群受了日本帝国主义欺骗的野兽，不知道杀死多少我们的兄弟姐妹！

03-17　我们在前线采访了指挥作战的高级将领，然后，由长官部派来的王参谋陪同，骑马前往第二军军部。到了军部，才知道一场大火把长沙全城烧光，损失极大。

03-18　这期间武汉会战结束，我方有计划地撤出武汉。我们不能前往武汉，只能先到长沙，再设法回重庆。司令部派人员和吉普车把我们护送到衡阳，再由衡阳前往重庆。这是一趟十分艰苦和危险的路程，从桂林到贵阳，多是崎岖的盘山公路，有一段“七十二拐”的山路，被称为“鬼见愁”，

03-19　担任苏联《消息报》摄影记者的卡尔曼，气质高雅，文采超群，是谦谦君子，他不但拍照，也撰写新闻和文学作品。在漫长的逃难途中，他偶尔为疲惫的同伴们高歌一曲，动听的声音往往牵动每个人的心弦。

03-20　回到重庆已是 1938 年岁末。重庆是陪都和大后方，是第二次世界大战的名城。日本帝国主义妄想以空袭挫抑我军民的抗战意志，瘫痪我生产力量，动摇抗战大后方，每年大举疲劳轰炸重庆长达半年之久。

03-21　1938 年 12 月 22 日，塔斯社重庆分社社长罗果夫，慕名采访新近返回重庆的萧红。萧红为 20 世纪 30 年代的知名女作家，代表作有《呼兰河传》及《小城三月》。萧红应邀来到塔斯社重庆分社。

03-22　萧红向罗果夫讲述了她和萧军与鲁迅相识的经过，讲述了她在鲁迅先生的支持下出版自己的成名作——小说《生死场》——的过程，并回答了罗果夫向她提出的问题，我担任此次采访的翻译。

03-23　我和萧红本是哈尔滨市立女一中的同学，老同学意外重逢，心里都有说不出的喜悦，于是，两人倾诉完衷肠之后，就在塔斯社这幢石块砌成的两层洋楼前拍照留念。此时正是萧红11月下旬产子夭折后满一个月的时候，人显得浮肿憔悴。

03-24　在国共合作抗日的大环境下，卡尔曼获准去延安采访，由我陪同。我们和数位苏联战地记者同赴山西中条山战区及陕北延安采访。我们一行人从重庆启程抵达西安，西安八路军办事处的秘书长严朴前来卡尔曼下榻处造访，想请卡尔曼帮忙将自己的小女儿带去延安。

03-25　西安到延安中途有国民党所设检查站，对过往人员严加盘查。我提出建议，我和卡尔曼伪装成夫妻，严朴的小女儿则装成我们的女儿，巧妙地瞒过检查站的国民党军官。

03-26　这一趟路程，十分漫长而艰苦，要经过耸立在川陕边界、绵亘一百多公里的剑门蜀道，要越过有七十余座大小山峰、遍布绝壁悬崖的大巴山和秦岭。我们先从重庆到成都，再经汉中、宝鸡，由宝鸡乘坐一段火车到了西安，一路心惊胆战，总算平安。再继续北上，终于到了驰名中外的延安。

03-27　在延安，第一个印象是高高低低的褐色山丘上，蜂窝般分布着窑洞，窑洞有木制门和纸糊的窗户。城里树木很少，灰尘很大。泥土路上年轻人来来往往，都穿着蓝黑色或草绿色粗布列宁装，脚上是稻草编的草鞋，看起来朴实、富有朝气。

03-28　抗日军政大学坐落在招待所山脚下的一大片空地上，校舍是新搭成的，主持工作的副校长是参加过两万五千里长征的罗瑞卿将军，他招待我们一行。毛主席接见了我们访问团，并亲切地同我们一一握手。

03-29　每天早晨天初亮，就能听到抗大学生在操场上洪亮的歌声。我们在一场露天演讲会中坐在人群里听毛泽东演讲，并且在延安参观了各级学校及其设施。停留三四日后，乘车到陕西和山西边界，渡过黄河到山西中条山战区。

03-30　日寇侵华期间大力搜集我方军事情报。在日方 1941 年日日新闻社出版的《中国采访》一书中，第一部分就有一篇文章，题为《九位投身抗战的女记者》，名列第一位的就是塔斯社的张郁廉。

03-31　重回重庆，朱新民接掌国民党中央宣传部国际宣传处外事科俄文组后，急需人手协助，再三向罗果夫社长请求借调我。1940 年 6 月，我请辞获准后，离开了塔斯社，到国际宣传处报到。我被分配到外事科俄文组任专员，工作性质和在塔斯社时相似。

03-32　我们十来个单身女职员住在有两个房间的茅屋内。茅屋泥墙草顶，理应冬暖夏凉，比竹屋好；可惜重庆是建于岩石上的山城，散热不易，夏天固然酷热，而冬季刮起西北风，雪花纷飞，棉袄、厚外套也挡不住刺骨的寒冷。住进茅屋后，才真正领教了重庆“三害”——臭虫、老鼠、跳蚤，外加蚊子。

03-33　国际宣传处为职员、眷属及外籍记者在附近石坡旁凿了一座坚固的专用防空洞，内部设备较齐全、舒适，空袭警报拉响时就不必跑太远了。

03-34　和我常来往的还有燕大同学周光瑚（笔名韩素音），政府宣布对日抗战时，她放弃了在英的学业，返国参加抗战，在轮船上遇到年轻英俊的军官唐保黄，两人一见钟情，返抵国门就结婚了。

03-35　唐在重庆军事机关服务，光瑚在家看顾初生女儿蓉梅。那一段时间我们常常见面，也十分谈得来。不久，唐保黄被派到伦敦，任中国驻英国大使馆武官。我结婚时所穿的枣红色旗袍布料、麂皮灰蓝色鞋等物，就是光瑚托人从英国带给我的。

03-36　抗战胜利后，唐保黄先回国就任某师师长职务，被派赴沈阳附近打虎山驻防。他赴任前曾来看我们，对新职表示满意，但对驻防“打虎山”有些疑虑，他说：“我属虎，派驻打虎山好像不太妥当。”果然，他上任不久后就战死了。

03-37　光瑚抗战胜利后没有马上回来，留在英国读完医科获医学博士学位。后返亚洲曾在马来西亚、中国香港等地行医，并以“韩素音”为笔名出版了以英文撰写的小说，其中《生死恋》一书轰动一时，后被好莱坞拍成电影并获得多项奥斯卡奖。

03-38　1941 年初，日本联合舰队司令长官山本五十六海军大将策划袭击珍珠港，以保障南进作战计划的顺利实施。此次突袭致使停泊在港内的美国太平洋舰队主力几乎全军覆没，从而揭开了太平洋战争的序幕，史称“珍珠港事件”。

03-39　1942 年 1 月 1 日，以中、美、苏、英四国为首的二十六国代表齐聚华盛顿，签署《联合国家宣言》，国际反法西斯联盟正式形成，中国的抗日战争也进入了新的阶段。

03-40　1937 年 8 月红军改编为八路军后，深入敌后，开展独立自主的抗日游击战争，不断开辟敌后战场和创建敌后抗日根据地。中国共产党高举抗日民族统一战线的旗帜，维护了团结抗战的大局；中国共产党人勇敢战斗在抗日战争最前线，成为全民族抗战的中流砥柱。

第四辑

战乱岁月

（1942—1945）

1942 年，燕京大学将在四川成都复校，张郁廉便向已工作了两年的国际宣传处辞职，到成都续读一年，完成大学教育。在校期间生活拮据，张郁廉便在学校谋了一份兼职。在成都的好友们经常来探望她，对她颇为照顾。每个周末，她都固定到好友景荷荪家住上两晚，寒假被接到荷荪家与刚生产的荷荪一同吃月子餐进补。为了调理张郁廉孱弱的身体，荷荪更是特别给她喝了背地里加入母乳的奶茶。

燕大毕业后，张郁廉与燕大校长梅贻宝夫妇同游了峨眉山，而后返回重庆加入了国民党中央通讯社。1944 年在重庆与青梅竹马的孙桂籍完婚，并在好友的帮助下赴兰州产下长子后返回重庆恢复工作。年尾，好友王玉彬来探望他们，卖掉了本要送给他们的十大块苏制巧克力糖，请工人为他们搭建了茅舍，他们终于有了自己的家“廉庐”。

1945 年 8 月，日本投降，抗战终于胜利了。

04-01　我听到好消息，说 1942 年燕京大学将在四川成都复校，6 月开始招生，10 月开学，十分兴奋，向已工作了两年的国际宣传处辞职，到成都续读一年，完成大学教育，以不负父亲对我的叮咛和希望。

04-02　离开重庆前，偶然遇到国民党中央通讯社社长萧同兹先生，我把去成都读书的事告诉他。他很赞成我的决定，并说：“毕业后回重庆，欢迎你到中央社来工作。”揣着这份鼓励，我满怀信心地到成都去了！

04-03 9月底，在成都就学的前夕，继母托人从哈尔滨辗转寄来的信告诉我，父亲在日本人的统治下，受尽了折磨、屈辱和饥饿，感染了斑疹伤寒，于1942年5月在哈尔滨不治身亡，临终时不断叫着我的名字。每念及此，我心如刀割。

04-04　燕大在成都租下华美女子中学及启化小学的校舍。华美女中的主要建筑，是一栋两层高的楼宇，内有教室六七间，还有小型礼堂和阅览室。原来的顶楼、阳台、过道等，加以简单装修，即可辟为办公室。

04-05　我和室友——湖北籍的耿曾荫住在三楼，室内有一张双层木板床，她睡上铺，我睡下铺，一张书桌共用。耿是由沦陷区来后方就读的，好像是大二生，我们相处融洽。耿曾荫的男朋友阮某是空军飞行员，驾驶驱逐机，他每次出任务我都陪着她提心吊胆，直到他安全返回基地为止。

04-06　交了学费，身边留下每月的伙食费，至于零用钱，则没有着落了。幸好我在学校申请到一份工作——帮助哲学系施友忠教授上课时点名及批改同学的考卷

04-07　成都有我的好朋友景荷荪、李赋萧、罗协邦，还有孙桂毓，他们尽心尽力地照顾我。好友们知道我哪天没有课，就到学校来看我，还不忘带些食物和生活必需品。

04-08　景荷荪已再嫁，她前夫谢承瑞团长在南京保卫战时殉职，现任丈夫是湖南籍的营建商何远经先生，何不到 40 岁，为人正直忠厚，两人婚后生活美满。每个周末，我固定到荷荪家住上两晚，周一再返校上课。

04-09　荷荪永远是那般善解人意、真诚亲切、从容不迫，让人从心底感到温暖。学校伙食很差，主食仍是难以下咽的“八宝米饭”和炒空心菜，偶尔有几片肥猪肉。周一清晨返校时，荷荪总不忘让我带一罐熬好的猪油，每餐往热饭中加一匙猪油拌酱油，滋味至今难忘！

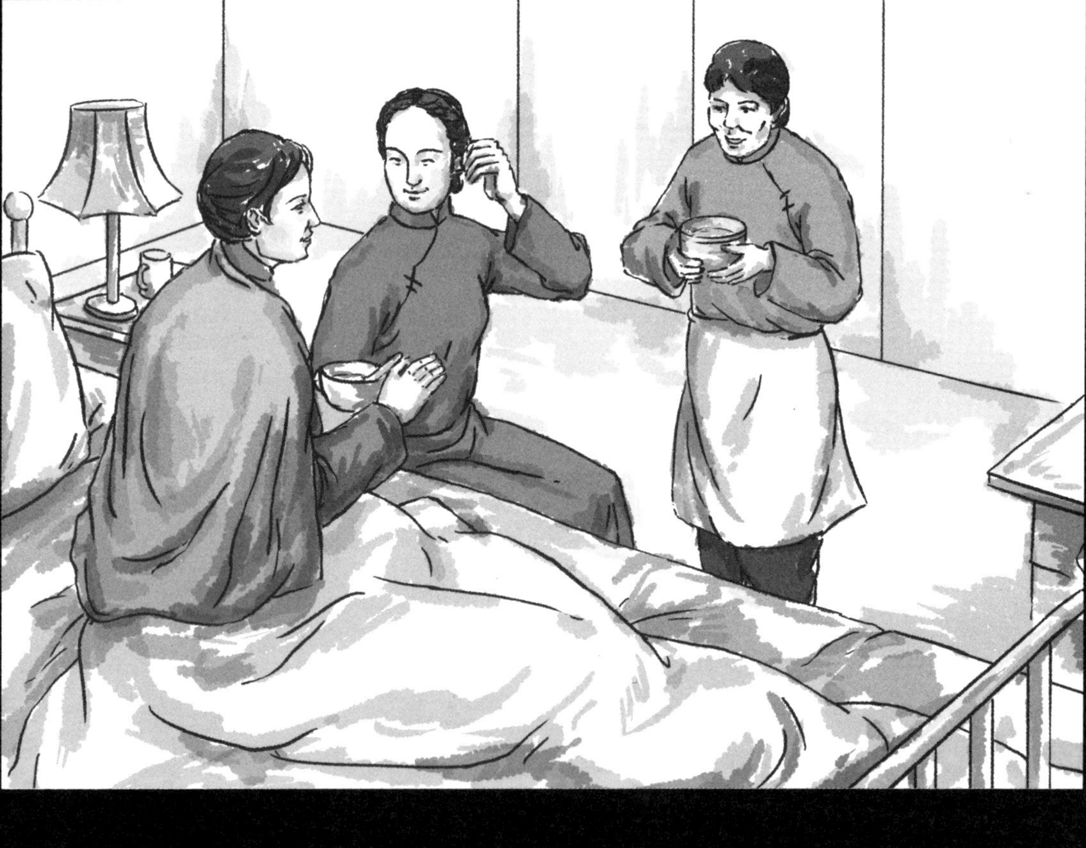

04-10　转眼到了寒假，有家的纷纷离校，学校停了伙食，冷冷清清。我被荷荪接到她家，住在楼上主卧房隔壁的房间。正赶上荷荪生产坐月子，整个寒假我陪着产妇，晨、午、晚都在楼上，吃同样的滋补食物。

04-11　每天下午，大家聚在楼上小房间喝下午茶。赋萧差不多每天都来，享用加糖和牛奶的红茶，另有荷荪早就备存的各式小点心。她们总是把最大的那碗热腾腾、香喷喷的奶茶给我喝。

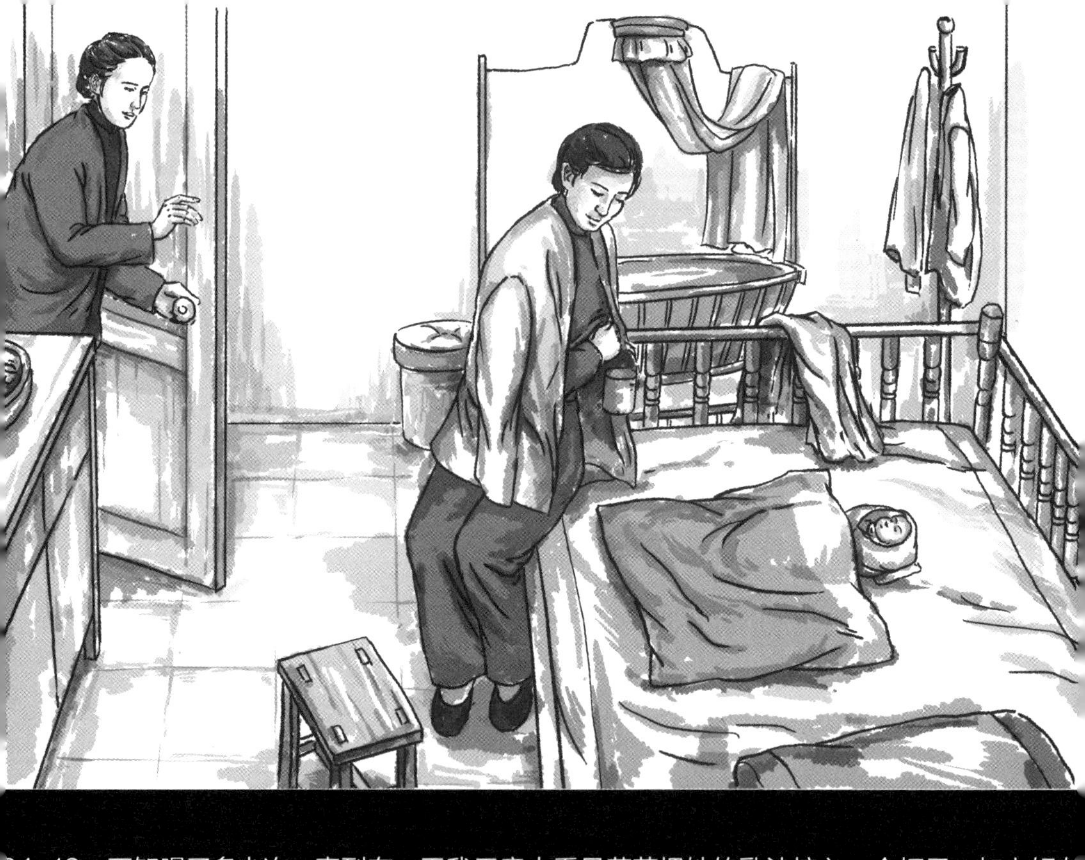

04-12　不知喝了多少次，直到有一天我无意中看见荷荪把她的乳汁挤入一个杯子，加上好友门每天喝奶茶时的眼神，证实了我的想法：我喝的是荷荪的乳！为此我大喊大叫又吐又呕，吵闹平息后，我也了解了赋萧在一旁所说：“人乳最富营养，为了调养你的身体，荷荪颇费苦心。”

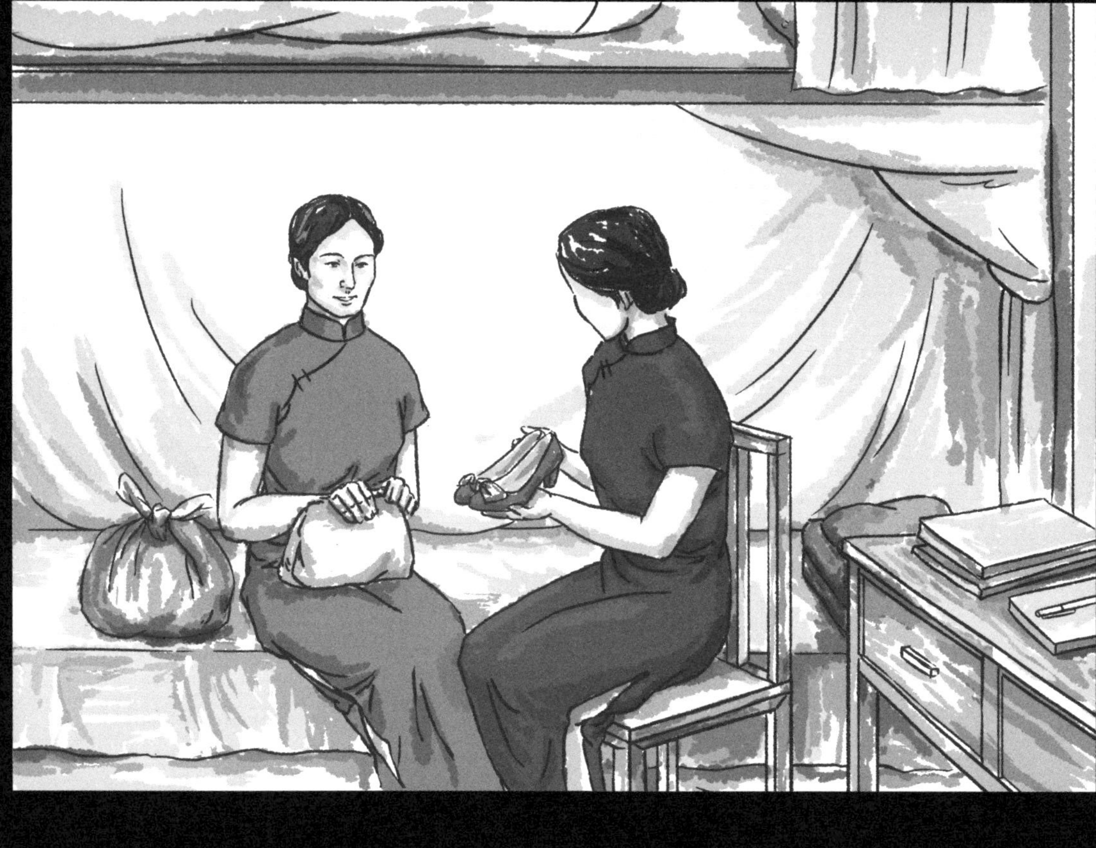

04-13　寒假结束，返回学校，我确实是精神奕奕，身体强壮多了。有一天，荷荪到学校来看望我，我拿出一双灰蓝亮色的新麂皮皮鞋，请荷荪代我在拍卖行寄售。这双鞋子是好友韩素音从英国伦敦托人送给我的。

04-14　荷荪先是不肯，后来被我说服，但她再三说我定价太低，我说能卖出就算不错了。几天后，她兴奋地跑来告诉我，鞋子一寄售就卖掉了，并强调当初她就说价钱订得太低，提高些就好了。把售款交给我后，她又嚷着要我请客，到华西坝“TipTop”咖啡店喝下午茶。

04-15　毕业之际，我穿着荷苏送给我的旗袍照了戴方帽子的毕业照。参加毕业典礼时，荷苏叫我到她的鞋柜里找一双合意的鞋子，打开鞋柜时，我那双灰蓝麂皮皮鞋赫然在其中。她说：“不要生气，我知道你喜欢这双鞋，就算是我送你的毕业礼物吧！”

04-16　荷荪和赋萧还不放弃，又忙着为我介绍男朋友。荷荪请何远经邀请一位单身工程师，赋萧邀了两位年轻未婚的医师到荷荪家吃晚饭。结果他们无意，我也无心，“相亲”一事无疾而终。

04-17　我即将离开成都返回重庆时，燕大校长梅贻宝夫妇邀我同游峨眉山，我欣然应允。峨眉山海拔三千多米，在四川西南的峨眉县境内，是我国著名的佛教圣地。重叠秀丽的山峦，蓊郁的林木、飞瀑、流泉，神奇的金顶佛光、佛灯，两百多所大小寺庙，教人流连忘返，连高山上成群的猴子，也为游客们津津乐道。

04-18　在导游引领下，下午两点钟左右，我们爬到金顶最高处的平台，俯瞰悬崖下万丈深谷，看到对面山谷中出现太阳反射出来的大光圈（俗称“佛光”），光圈里映着自己的倒影。这种自然界绝奇之景，一生中难得一见！

04-19　从成都返回离开一年的陪都重庆，已是 1943 年初秋 8 月，虽经敌机无数次轰炸，人民生活多苦多难，但山城不屈不挠、巍然屹立。我也为自己学成后能顺利重返抗战岗位，为国家服务，感到自豪。9 月起，我正式加入中央通讯社，被派到总编辑室工作，职位是编译，总编辑是新闻界闻名的前辈陈博生先生。

04-20　在中央社服务的，不少是从燕京大学新闻系毕业的学长，尤其在总社英文部、编辑部、编译部及国外各分社。其他各校新闻系毕业生，也以进入中央社工作为最高理想，引为莫大荣耀。在中央社编译部任主任的李宜培学长告诉我，我进入中央社工作的事曾轰动全社，同仁多以先睹“芳容”为快。

04-21　总编辑陈博生为人严肃，不苟言笑，我在他的办公室里工作，宽阔的房间内只有他和我，两人往往终日不发一语。陈博老上班无定时，自由来去，我的工作也不固定，和在国际宣传处时的忙碌无法比。经过一段时间，我仍难以适应这种情形，因此，请求借调到其他部门去工作，也借此免除在总编辑室的拘束和不自在。

04-22　中央通讯社不是政府机构，但是在国际新闻事业中，声名显赫，是当时我国独一无二的国际性通讯社，被认为足能代表政府。第二次世界大战胜利时，中央通讯社曾与美联社、路透社、法新社、合众社齐名，被列为世界五大通讯社之一。

04-23　1944 年，中国的抗日战争形势依旧十分严峻。就在这一年的 3 月 26 日，桂籍和我在重庆结婚了。身边没有亲人，只有数十位好友参加了我们的婚礼。父亲给我的金质戒指改成一对，我穿了一件好友韩素音由伦敦托人带来的枣红色衣料做成的旗袍。

04-24　玉彬还替我们买了双人床、饭桌、凳子及锅碗等，在我们事先租下的两间茅草房内布置了新房，虽是“克难式”，但胜在喜气充盈。这座用竹竿、茅草依山搭成的两层茅屋，上层住着房主一家四口，早、晚时小孩的吵闹哭叫声，清晰地传到楼下，小孩的尿液也经常滴下。

04-25　婚宴后回到“新房”，两人心情异常沉重、复杂，更觉茫然，默坐片刻后，终于忍不住相拥哭泣。这时我们意识到，从今以后，两人必须为共同的未来打拼。婚姻，赋予不同于以往的磨炼和承担，更须我们坚强勇敢地面对挑战。

04-26　后来，我的好友王玉彬、丁志伦、李赋萧相继在已没有日机轰炸，物产丰富，物价低廉的兰州安了家。怀上宝同的时候，这三位在兰州的好朋友，不断来信邀我到兰州去生产。

04-27　可是重庆和兰州相距甚远，乘坐汽车穿山越岭，对怀孕的人绝不适合，而重庆和兰州之间没有定期航班，只有业务飞机不定期往返。好在玉彬的丈夫热心帮忙，巧作安排，我才得以在生产期前一个多月，乘机顺利到达兰州。

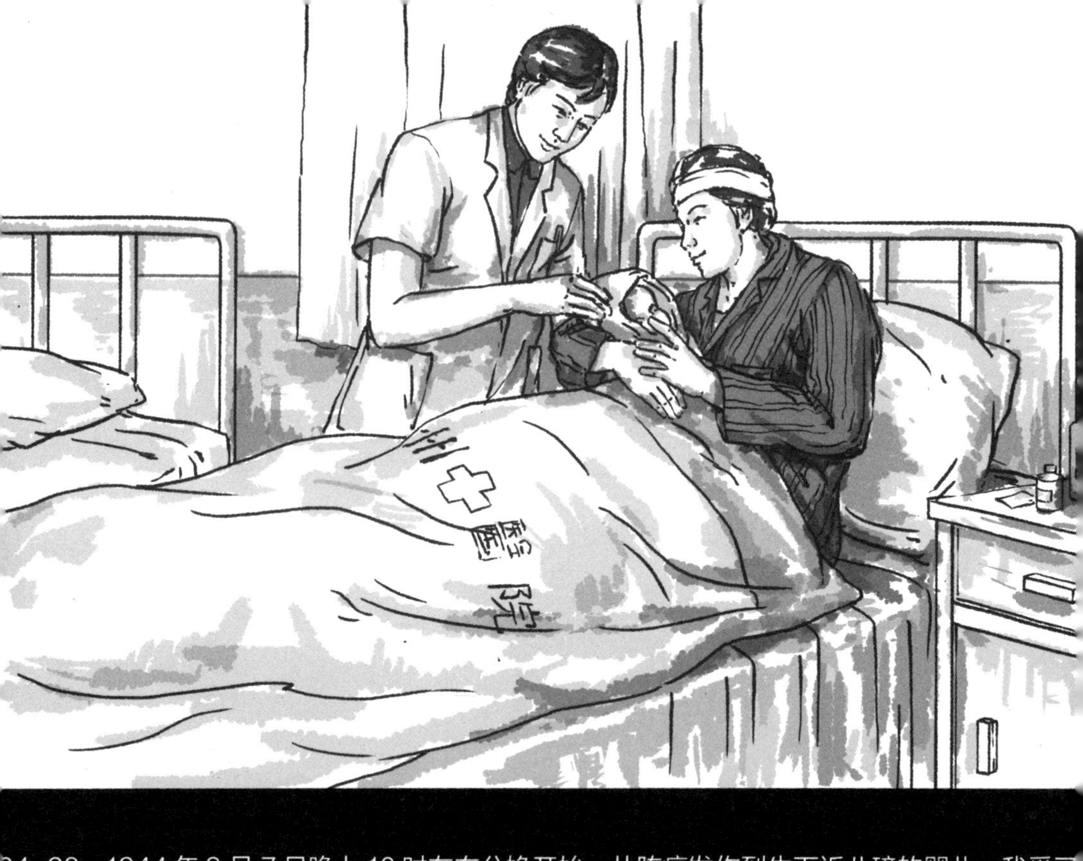

04-28　1944 年 9 月 7 日晚上 10 时左右分娩开始，从阵痛发作到生下近八磅的婴儿，我受了不少苦痛。在兰州医院，身为妇产科医师的好友李赋萧始终陪伴，由她接生。产后，我由玉彬家搬进丁志伦家坐月子，她是三个孩子的母亲，有育婴经验，也知道如何照料产妇。

04-29　近 11 月的秋凉时节，我们母子愉快平安地飞离兰州，返回重庆。我们回家前，桂籍已请到中年女佣杨嫂，帮我照顾婴儿及料理家务，所以我很快就能到中央社销假，恢复上班。

04–30　杨嫂工作认真、勤快，照顾博比（直到上小学前，我们都称宇同为博比）无微不至，是我的好帮手。杨嫂拿手的红烧肉在朋友圈中很有名气。桂籍的好友如刘政因、孔祥集、常荫集，还有刚从美返国的孙运璿，这群哈尔滨工大毕业的青年才俊，经常到我们家“打牙祭”，为的是吃杨嫂做的红烧肉。

04-31　秋冬时节，重庆潮湿寒冷，洗过的尿布不容易干，杨嫂在煮饭、炒菜后，趁煤球还热，在火炉上罩上竹筐，上边铺上一条条尿布，慢慢烤干。婴儿穿的衣服也是用旧衣改缝的“和尚领”装，再用布带捆绑。丁志伦还做了一件小棉袄，并从一双男用袜子上拆出毛线，织了一件小毛衣。艰难困苦，由此可见。

04-32 年尾，王玉彬由兰州来探望我们，正赶上房东要我们限期搬家。玉彬把从兰州带来、已送给我们的十大块苏制巧克力糖要回，拿到重庆商业中心区都邮街卖掉，凭所得之款买了竹竿等建材，雇请工人，次晨开始搭建茅屋。

04-33　不数日，茅屋建好，共两间，另有小厨房和仅够放一张竹床的小房间，作为杨嫂的房。竹篱围绕的后院很狭窄，只够洗涤衣物及晒衣之用。桂籍好友常荫集一时兴起，站上木凳前门上方白墙壁上，用毛笔写了斗大的两个字“廉庐”，从此朋友们多以“廉庐”称呼我们家

04-34　艰苦卓绝的抗日战争进行到 1945 年，人民生活日益艰苦，但大家团结一致，共赴国难。中国军民虽然牺牲惨重，但始终不屈，牵制百余万日军在中国战场，让盟军能从容反攻。1945 年 8 月初，美军在日本广岛及长崎投下两枚原子弹，迫使日本帝国主义不得不于 8 月中旬向中国和盟军宣告无条件投降。

04-35　8 月 14 日夜晚，日本投降的喜讯传来，后方各地军民欢喜如狂，涌向街头，欢呼狂舞，争放鞭炮，敲锣打鼓。残酷的战争终于结束了，中国人民胜利了！

04-36　1945 年 9 月 2 日，日本代表在停泊于东京湾的美国军舰密苏里号上签署了投降书，正式无条件投降。国民政府派何应钦代表中国出席，同学好友朱祥麟（笔名朱启平）以新闻界代表《大公报》名记者的身份参加，实地报道受降典礼经过。

04-37　这场战争，在中国历史上造成了空前浩劫。我国军民伤亡 3500 多万人，流离失所者
达 1 亿以上。资源、财产的损失更不计其数。1945 年 9 月 9 日，日本中国派遣军总司令冈村宁
次在中国南京中央陆军军官学校，正式呈交了日本投降书，表示无条件投降。

04-38　这期间，我亲身经历了血与火的考验，目睹无数可歌可泣的故事，自己成熟了许多。战争使我变得坚强、自信和现实，对是非、善恶、恩仇之别更为分明、固执，往日的乐观和天真已被磨掉，这种改变连我自己也觉得诧异。

第五辑

乱世沉浮

（1945—1949）

抗日战争结束后，桂籍决定辞去外交部的工作，并放弃出国任驻苏使馆二等秘书或领事的机会，而随杨绰庵市长到哈尔滨开展接收工作并担任社会局局长之职。当时杨市长请桂籍担任财政局局长，但桂籍属意社会局，他认为在社会局可直接为民众服务。张郁廉随中央社迁回南京，后为配合桂籍工作转调沈阳。在沈阳安家后，弟弟们和家人们先后来沈阳投靠他们。桂籍于 1947 年任长春市市长，张郁廉便随他调往中央社长春分社工作，后又随桂籍的任职，返回南京中央社总社工作。1949 年，张郁廉一家从上海飞赴台湾。

05-01　抗战胜利后，桂籍决定离开外交部，放弃出国任驻苏使馆二等秘书或领事的机会，接受政府的派遣，随杨绰庵市长到哈尔滨开展接收工作并担任社会局局长之职。此前杨市长请桂籍担任财政局局长，但桂籍属意社会局，他认为在社会局可直接为民众服务。

05-02　赴哈尔滨的杨绰庵市长和桂籍等人克服各种苦难，终于在 1946 年 3 月起展开了市政接收工作。三个月后，随着形势的变化，他们奉令撤至沈阳待命。大部队先行撤离，由桂籍留哈，代理市长职务，收拾善后，最后撤离。

05-03　哈尔滨市政接收人员留驻沈阳时，桂籍于 6 月间曾被借调到东北物资调节委员会，任常务委员兼储运组组长，后出任旅顺市市长，从事接收事宜，但因故未能赴任。不久后，桂籍出任了当局立法机构的成员。

05-04　我和博比在桂籍离开重庆以后，又停留了近半年。不断有从各地还乡的好朋友路过，来我家歇脚并找寻还乡的交通工具，而主要是借机相聚。好友中第一个投宿的，是荷荪的丈夫何远经。他由成都来，再乘船返回家乡湖南长沙。

05-05　随后来的是荷荪，她携女尊一和小儿子，正巧玉彬带着她母亲专程由兰州来看我。抗战胜利后，好朋友们再度见面，齐聚在“廉庐”，小屋里彻夜有说有笑，兴奋之情笔墨难以尽描。

05-06　相聚两周后，好朋友们又要各奔前程，但每个人都坚信不久会再相见。荷荪离开重庆前，悄悄塞了一两黄金给玉彬，请她稍后转交给我，说是让我买鞋和日用品的。她回到长沙后，曾写来一封信，寄中央社转交，可惜我已离开南京到东北去了。

05-07　1946 年 4 月，我抱着已满周岁的博比，手提着总编辑陈博生托带的一个保温瓶，乘坐中央社的包机，和各部主任及重要人员一起，由重庆直飞南京。

05-08　抗战胜利后，中央社迁回南京，马上开始向国内外传播最新消息。总社为了庆祝抗战胜利和乔迁新址，举办了一次盛大的舞会。萧社长身着一袭藏蓝长袍，致词后，潇洒地走到我面前，请我跳了第一支开场舞，我感到无比荣幸，至老难忘。“中国新闻史上首位战地女记者”是萧社长对我的称赞和肯定。

05-09　到南京以后，我带着博比住进社方为女职员准备的临时宿舍。这是一间大通仓，有十几个床位，床边有柜，带来的衣箱就放在床下，我和博比同睡一铺床上。

05-10　白天我上班，请了一位十七八岁的女孩来带博比，我们都吃社里饭堂的伙食，有时为博比蒸蛋或肉饼。每天早晨博比一醒，我马上抱他到厕所，给他一根香蕉吃，怕他吵醒其他同事，待女孩来到，把他抱走，我才梳洗，去上班，这种日子过了两个多月

05-11　6 月间，我为了配合桂籍的工作，请调到中央社沈阳分社。我们来到沈阳以后，住的问题顺利解决了，经保安司令部参谋长宫其光先生介绍，我们住进民富街的一幢两层楼房。宫其光是沈阳人，曾任第五战区参谋，是我在为徐州突围做采访时认识的。

05-12　我的工作随即在沈阳分社展开，职务是采访组组长，领导四五个年轻记者采访新闻，其中有齐振一、陈嘉骥、李宗熙、吴铎，编辑组组长是林家琦。他们刚从大学毕业，工作能力强，精力充沛，都是“单身贵族”。

05-13　我们在沈阳的时间虽然不长，但十分愉快。工作方面，有律社长夫妇的领导和照顾，全社同仁融洽相处，有如亲密的大家庭。我们的好朋友易国瑞、罗协邦夫妇，丁志伦携子女，刘德成、刘政因两家及孔祥集等，都由四川来到沈阳。

05-14　我 1937 年在朱由村当面答应父亲，学成后一定照顾弟弟们。去世多年的父亲虽然不能亲眼看到，但我尽力而为，逐步实现了这一诺言。第一位从哈尔滨来投奔我的，是二弟复钧，十年别离，道不尽家中变故和苦楚，姊弟痛哭失声，久久不能自已。

05-15　接着来的是四弟复善，十五六岁，剃俄式光头，清瘦，我马上为他办理入读中学的手续。二弟妹赵培懿把大儿子俊杰留在哈尔滨，让外婆照顾，带着一岁多的女儿秀梅，由三弟复合陪同，绕道来到沈阳。她的母亲是俄国人，在生活习惯上和我很合得来。她年轻，能干又勤快，分担了不少家务，博比也有了秀梅这个小玩伴。

05-16　最后离开哈尔滨的，是大弟复成夫妇，带着四个儿子，最大的习真七八岁，最小的习宏才几个月，尚在襁褓中。复成弟想事周到，怕把蓬头垢面、衣衫褴褛、形同乞丐的家人带来，有伤姐夫的面子，也怕吓着多年未见面的姐姐，便把家人留在车站，自己先来我家。我雇了马车直奔车站，把寒风中缩作一堆、不断颤抖的侄儿们和弟妹接回家中。

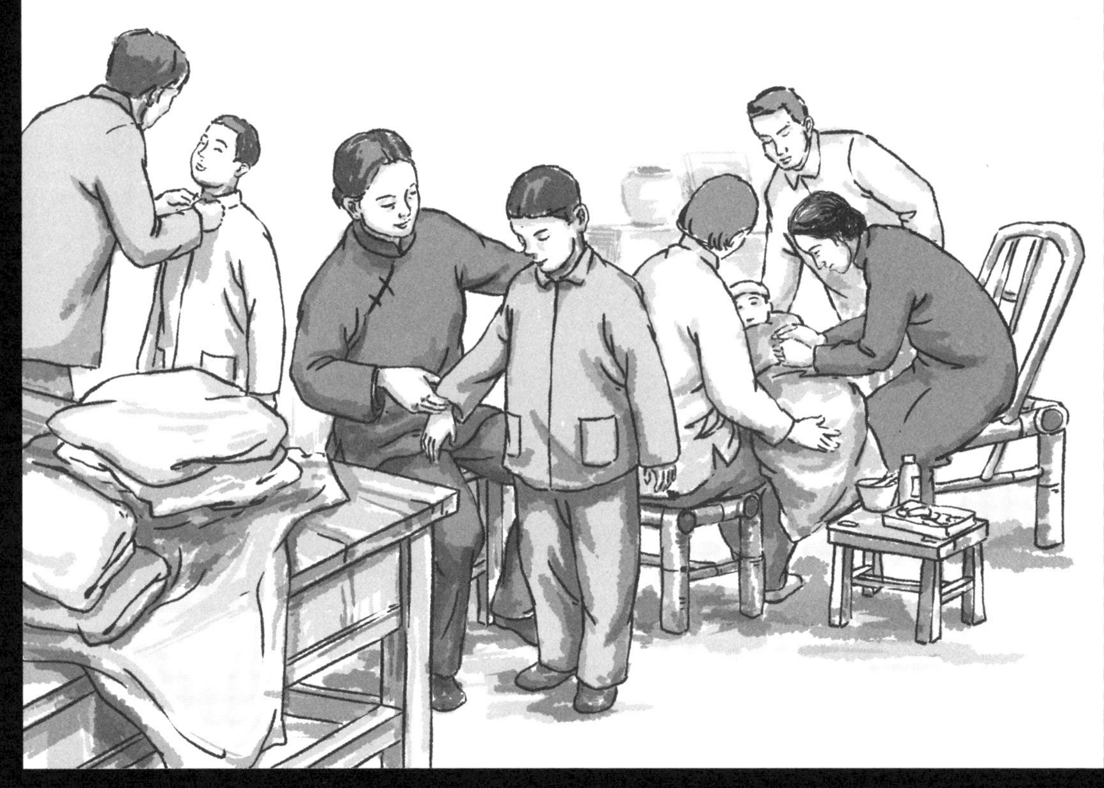

05-17　这时习宏患了严重的肺炎，时发高烧，呼吸困难，幸好沈阳已有盘尼西林上市出售，挽救了这小生命。我买来两匹白蓝色棉布，由培懿和复成太太连夜为孩子们缝好内外衣裤。

05-18　大家在沈阳暂时安定下来，三个弟弟都找到了工作，四弟和侄儿们都进了学校读书。我原在徐州前线认识的覃异之，已调升为第 52 军军长，派驻沈阳，见到我们家人口众多，便主动每月送来一大袋军粮，使我们减轻了负担。

05-19　在沈阳，我和好友协邦都怀孕了，两人常在黄昏时分，携手去逛沈阳最热闹的马路——春熙街，在地摊上选购价廉物美的纪念品。那里不乏珍稀古画，可惜当时的我对中国画一无所知，错失了机会。

05-20　在沈阳期间，任职空军的好友易国瑞亲驾飞机，借公务之便带我和桂籍途经天津时停留半日，去看桂籍的三哥孙桂山。兄弟相见分外亲热。桂山是天津殷商，拥有数间绸缎庄，他以有弟如桂籍为无上荣耀。没有想到，那次短促的相聚，是他们兄弟的最后一次。

05−21　桂籍于 1947 年初秋，被任命为长春市市长。那时我们在沈阳已生活和工作了一年多，一切上了轨道，我只好又一次向中央社南京总社请求，调往长春分社工作，获准后，才安心离开沈阳，随桂籍去履新职。沈阳的家留给弟弟们居住。

05-22　桂籍到任时，长春战事已非常紧张，铁路及公路交通中断，军粮、军饷都靠空中补给。桂籍时年 36 岁，市民多以“青年市长”称之。严冬如期降临，大雪纷飞，我们的工作与生活均面临重重困难。

05-23　我们住在市府分配的宿舍里，那是一幢大楼，原为伪满某大臣的居所，每日需烧四吨煤取暖。桂籍认为太浪费，坚持迁出，另觅住所。在新住所，为了减少市府开销，节省能源，我们停用锅炉，全家住在一间大房中，其他房间全都关闭，改用一个煤炭炉取暖，家人穿厚衣，披毛毡。

05-24　桂籍安排我每周有两个下午，到天主教教会外国修女处学习英语会话。后来，我才了解到桂籍的用心，想让我和教会建立联系，如果长春大战骤起，他无法照顾我们，怀孕数月的我，可以带着博比，躲到教堂修女处。

05-25　回想当年在冰天雪地中，无电、缺粮、缺水、孤单奋斗的种种往事，余悸犹存。更难忘好友协邦雪中送炭，她利用军机送粮饷到长春的机会，托人带来御寒衣帽、水果糖、饼干、腊肉、香肠，救济饥寒交迫的我们，其实他们在沈阳的日子也不好过。

05-26　在紧张不安的气氛中，我们在长春度过了 1947 年的圣诞节，迎来 1948 年。1 月一个严寒的夜晚，我们接到好友易国瑞由沈阳打来的电话，他说，沈阳各界正在积极准备选举立法机构成员。因时局所限，哈尔滨籍人员的选举也在沈阳举行。

05-27　桂籍既有意参与竞选，我就立刻回到沈阳着手安排助选事宜。多亏友人相助，我从军方借来一辆有戒严通行证的吉普车，桂籍好友刘德成负责策划选举事宜，刘政因每日晚饭后陪同我到各哈尔滨籍的同乡家中拜访、拉票。

05-28　我自己也曾有担任“国大代表”的机会，6 月 25 日选举前，中央社由南京打电报来，问我是否愿意出任新闻界妇女保障名额内的“国大代表”。桂籍反对一家出两个代表，我便婉言拒绝。

05-29　桂籍当选后，赴南京就任，我便也返回中央社总社工作，暂时住在桂毓和傅曾矩的家（中央医院医师宿舍）中。我在待产，桂籍则积极找寻适合我们的住所。

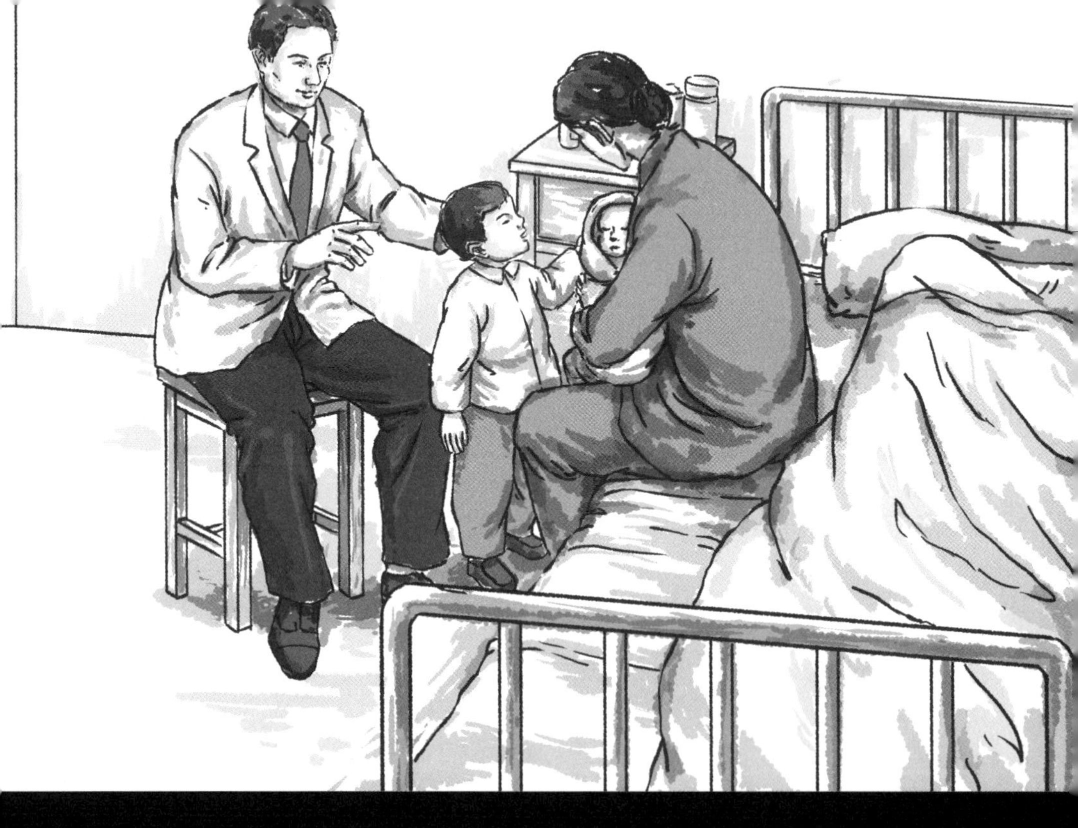

05-30　我于5月25日（农历四月十七日）清晨约6时，在中央医院生下次子宇立。我每个孩子都是亲自哺乳十个月，并以奶粉补充母乳的不足。婴儿到十个月大，就可以喂麦片、稀饭、粥面等容易消化的食物了

05-31　我们一家四口，还有四弟复善，由桂毓家迁到在南京鼓楼区租赁的一座中式平房，与哈尔滨工大毕业的徐培尧夫妇合住。我们两家分住左右两侧，正房两间做卧室和客厅，我们住左侧，中间堂屋做两家共用的饭厅。

05-32　桂籍一到南京就开始工作了，宇立满月后我也开始到中央社上班，中午回家喂奶，下午再去上班。博比已四岁，被送进鼓楼幼稚园，次子在家中由女佣照顾。复善弟就读高中的手续已办妥，每天上学。经过桂籍和我的努力，总算在南京把家安顿好了，生活基本恢复了常态。

05-33　三弟复合、大弟复成一家六口最后都平安抵达南京，和我们会合，我将他们送到我事先租定的一幢平房中。复成弟经我们在军方的朋友介绍，到海军总部工作，每月领取配给眷属的军粮及油、盐，解决了一大家人“吃”的问题。

05-34　随着战事日紧，1949 年 2 月，我们忍痛抛弃精心布置却住不到九个月的家，手牵着博比，怀抱老二，手提着盛婴儿用品的轻便行李袋，从拥挤的人流中钻过去，挤上开往上海的火车。

05-35　到了上海，我们境遇尚可，住在万航渡路一栋舒适的三层楼房中，家具、厨房用具齐备，还有两个用人（母女），这是桂云和伯威的家。胡伯威不久前由所供职的银行调派到香港工作，他们的家就留给我们住。

05-36　1949 年开春后，当局所属五院机构及相关人员眷属，陆续经海空两路离开大陆，来到台湾。我们一家在抵达上海三个月后，于 5 月中旬由上海直飞到台北。

第六辑

宝岛年华

（1949—1958）

初到台湾，张郁廉一家被安置在临时宿舍，而后迁到朋友处搭伙。1950 年，开始与朋友三家人合租。1952 年底，终于搬入爱国东路 26 号，有了自己的家。生活安定后，张郁廉拜国画家黄君璧为师，苦学多年，先后举办了两次画展，所获颇丰，并带头创立了台湾第一个女子画社“拾趣画社”。1963 年，张郁廉参加了台湾地区第二届美术展览，名列第二。因向往台湾银行宿舍，张郁廉争取进入台银经济研究室资料科工作，后晋升至科长。1980 年由研究员职位退休。

1956 年 5 月 16 日，42 岁的她如愿以偿诞下健康的女儿。女儿一岁多时，当局选派桂籍和朱士雄往德国慕尼黑参加会议，桂籍得以途经香港，和相别十余年的妹妹桂云一家相聚数日。1958 年，在台银已工作了五年的张郁廉如愿申请住进了广州街 3 号台银宿舍，将住了六年的爱国东路的房舍租出，租金拿来贴补家用，生活又改善了许多。

06-01　飞机缓慢地降落在台湾全岛唯一的机场——台北松山机场，这是 1949 年 5 月初。地处亚热带的台湾天气闷热，走出机场，只见远处林木青翠，几棵瘦高的椰子树和棕榈树随风摇曳，水田绵延，水牛漫步其中，长腿白鸬鹚相伴相随。

06-02　我们以及同机来的同仁，被安置在市区重庆南路一座临街旧式楼房的二、三楼。我家隔壁，和我们一样有两个儿子，十岁左右。孩子的母亲王隽英是桂籍的同僚。多年后王隽英的长子丁肇中，成为世界著名的物理学家和诺贝尔奖得主。

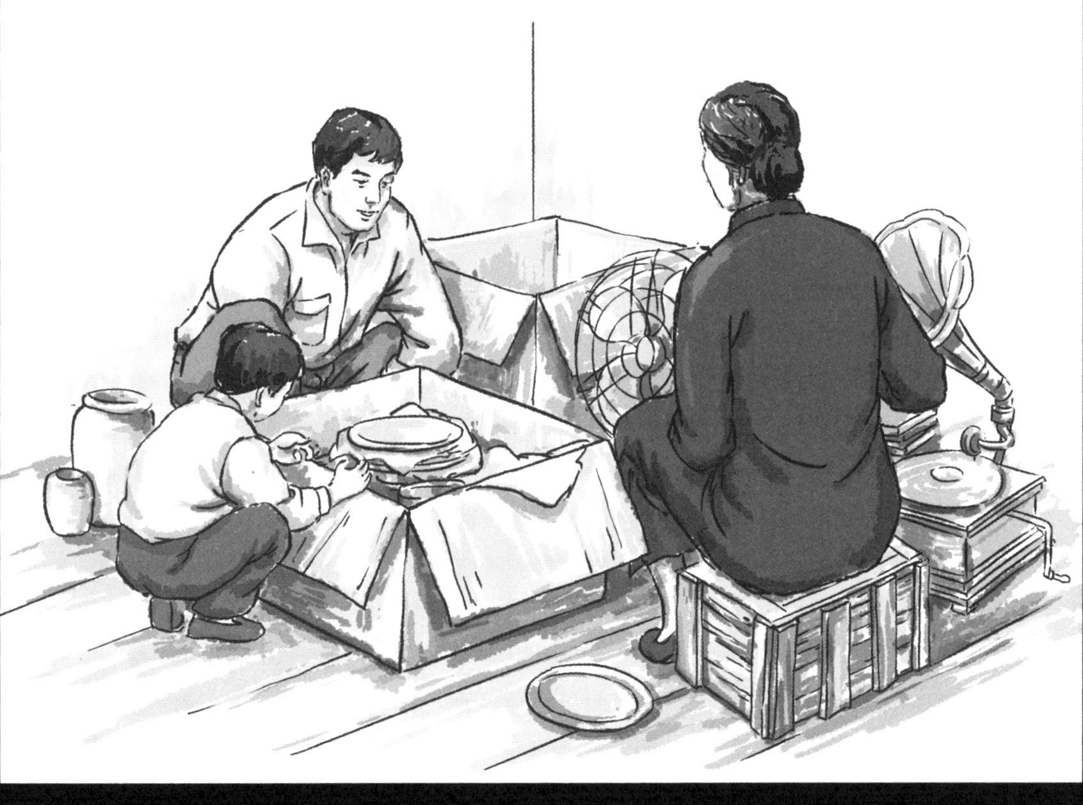

06-03　不久，四弟复善也乘船从上海到了基隆港口。我们把他接来以后和我们住在一起。他随船带来了较笨重的实用物件——用一个纸箱盛着的我从沈阳地摊淘来的数十件日本瓷器，一台留声机，还有一台二弟买来送我的沉重的二手西门子电风扇。

06-04　没有多久，我们就迁到丁志伦处。台北分社主任叶明勋送来木桌和四把木椅，我们自己买了竹床。志伦原来就请了一位“欧巴桑”，白天帮她做饭和照顾孩子。我们就搭伙一起吃饭，共同负担伙食费和其他开销。

06-05　在仓库屋顶住了几个月后，仓库要改建，限期要丁志伦搬出。在孙运璿的协助下，我们和四弟复善迁居浦城街，借住在孙运璿的杨姓舅父一幢日式住宅中的一个榻榻米房间里。环境的杂乱拥挤，不难想象。

06-06　有一天，桂毓的太太曾矩突然来找我们，她是搭乘空军大队长杨荣志驾驶的飞机来的，为的是找桂籍（当时桂毓已在英国深造）协助办理赴英国的手续。她和我们相聚数日后，就到广州去了，不久办妥手续去了英国和桂毓相聚。

06-07　1950 年 3 月，蒋介石在台湾地区“复行视事”。我们这些跟随国民党当局迁台的人，逐渐认识到，这次离乡背井，不是暂时、短期的，我们不能再居无定所了。于是三家合租了坐落于杭州南路 101 巷 10 号的房子。

06-08　1950 年 7 月，博比自复兴幼稚园毕业。毕业前的 5 月，该园举行庆祝母亲节大会，招待母亲们，由孙博比担任大会主席，致开会词。次日《新生报》刊登出庆祝会的消息，特别报道了博比担任主席，还刊载了他的致词。

06-09　大弟复成一人的微薄军人收入，要负担一家七口的生活费用，难免捉襟见肘。复成太太每天天不亮便起床蒸馒头，习真兄弟在上学前提着蒸好的馒头，在眷村里沿巷出售，再赶去学校上课，就此养成勤俭孝顺的好习惯。我每月也固定寄 200 元台币给他们（那时我的月薪 600 元）。

06-10　1950 年底，到台北安顿下来一年半以后，朋友袁行廉带我到温州街十八巷师大宿舍拜见黄君璧老师，行礼如仪后，黄老师正式收我为门生。那时跟他学画的不过三四人，我是黄老师最早期的门生之一。

06-11　过了十年，在黄老师的鼓励和督促下，我于 1960 年及 1966 年先后两次举办个人山水画展，颇获艺坛前辈的好评。使我甚感荣幸的是，在我展出的作品上，久负盛名的书法家和画家为我题了诗词，提升了格调。黄老师也在我的多幅画作上题了诗词。

06-12　第一次画展在台北中山堂举行。中山堂在当时是唯一够水准的展览场所。我展出从八分之一纸的小幅到整张宣纸或绵纸的大型山水画作八十幅。展出四天，参观者络绎不绝，盛况空前，全部作品被订购一空，另重订作品三十余幅。

06-13　画展结束后，我听从桂籍的建议，把所得的三分之一用来“谢师”，送给黄老师现金台币三万元。老师和师母十分感激，那时他们的经济情形也不好。黄老师和师母容羡余为了回报，送我几本《南画大成》画册和数幅大画，都是黄老师的杰作。

06-14　那年代，经济窘迫，环境简陋，我除了上班，还要处理家务，管教子女。家中有一张放在榻榻米上的四方木桌，每日三餐，作全家人的饭桌，孩子们做功课靠它，桂籍批阅公文、写演讲稿、写信也靠它。夜深人静时，它才是我的画桌。

06-15　1963 年，我参加了台湾地区第二届美术展览，出乎意料，我在六百余人的参展作品中，名列第二。黄老师很高兴，以我为荣，颁奖嘉宾是桂籍的旧识罗云平先生，当时主管着教育部门，见到我领奖，意外又欣然地说：“大嫂！怎么会是你呢？恭喜！恭喜！”

06–16　我 1980 年自台湾银行退休后，也是在黄老师的鼓励下，才开始在家中教授国画山水的。我还经常带领我的学生到黄老师家，请他指正，学生们都以“太老师”“太师母”称呼，黄老师和师母听了总是开怀大笑。

06-17　1957 年，我做发起人，邀请“白云堂”的女画友 14 人，成立了台湾地区第一个妇女画会——拾趣画会，每月于公职及家务之余，定期举办雅集，挥毫论艺，以绘事相勉。

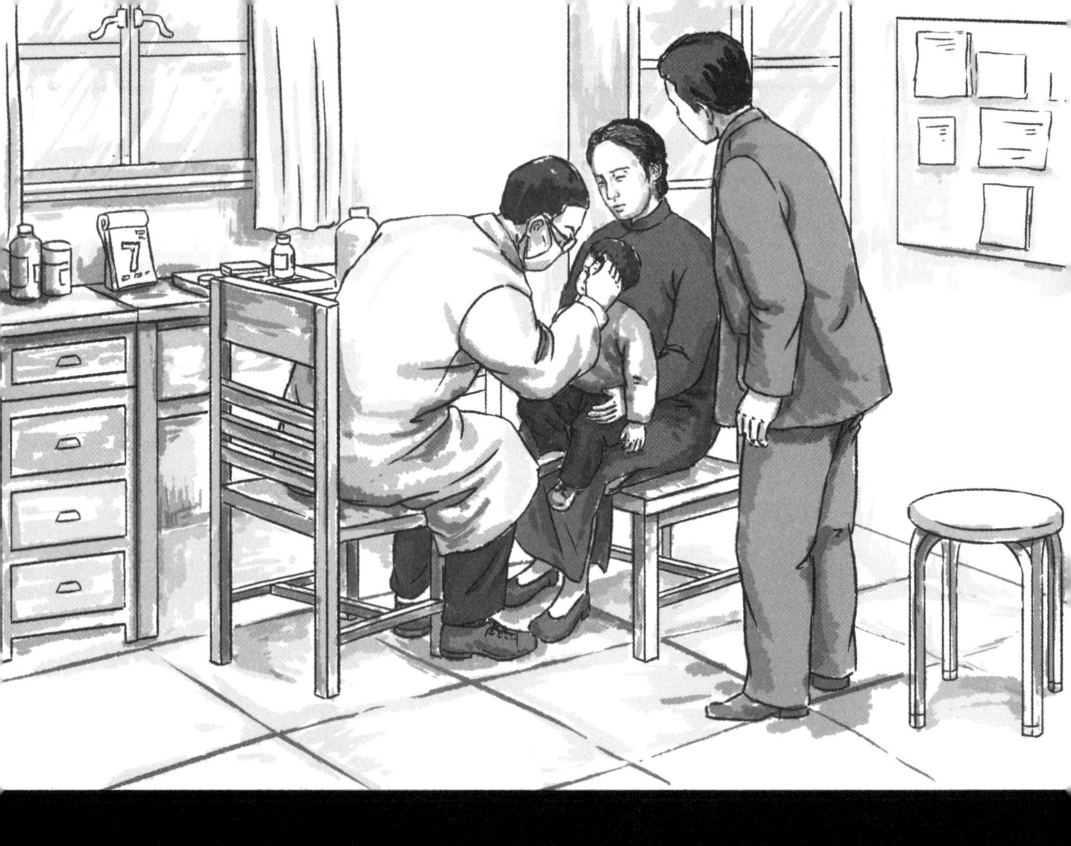

06-18 从 1950 年到 1952 年下半年，在杭州南路和钟、张两家合租的房子里，有一天，摇摇晃晃学步的次子，手里拿着玻璃杯，从过道摔到水泥地上，把左眼下边的脸颊割伤，血流不止，我们慌忙带他找医生缝合。手术的结果并不理想，至今疤痕还明显留在面颊上。

06–19　在台北安顿下来三年多的时候，我们第六次搬家——从杭州南路搬到爱国东路 26 号，终于有了属于我们自己的家。这是一幢二十多坪（七十余平方米）大的木造日式平房，独门独户，前后有小院，一棵扶桑树开着大红花朵，有如笑脸，就在大门口。与我们亦师亦友的王兆民与太太也住在附近。

06-20　我们全家对新居都有好感，也有了长住的心理准备。房子虽然不大，但样样俱全。进门处有一小玄关，可以放鞋，挂衣帽，放伞和手杖。拉开左边的纸门，是两间相连的房间，一小一大，都铺着榻榻米，以纸门隔开。

06-21　桂籍 40 岁生日是在新居里过的，王大哥夫妇来参加，送来一只公鸡和一条活的大鲤鱼。公鸡养着，每天天初亮就啼叫，吵得四邻不得安宁，只好送了出去。大鲤鱼养在缸中，孩子们很兴奋，忙着喂食，这样一来，全家就无处洗澡了，又不忍心把鱼吃掉。

06-22　因向往台湾银行的宿舍，我想争取进入银行工作。和桂籍商量后，我带着履历表、证件等打听到台银工作的细节。经一言九鼎的王大哥特别推荐，我于 1953 年 11 月到台银人事室报到，职位是“办事员”，即行员。

06-23　我被派到台银经济研究室资料科，资料科附设小型图书馆，我可以接触和经济、财政、金融有关的书籍、杂志以及每日发行的国内外中英文报纸，倒也既符合我的兴趣，也可发挥所长。我在台银心无旁骛地服务了 27 个年头，即从 39 岁做到 66 岁退休为止。

06-24　我上班后将次子宇立转到台银幼稚园，由我顺路接送。次年，1954 年 6 月，宇立由台银幼稚园毕业，上台表演山地舞，光着上身，穿着短裤，赤脚，脚腕上系着铜铃，头上绑着带子，插着鸡毛翎，有模有样地和小朋友们随着鼓锣声一起跳起来，博得一阵阵喝彩。

06-25　9 月，宇立随同哥哥宇同，上女师附小一年级。宇立从 5 岁时就随我们哈尔滨老朋友名小提琴家马熙成学习拉小提琴，到女师附小上课后，每周一次的提琴课仍继续。宇同喜欢吹口琴，请他姑姑桂云在香港买了一只德制口琴给他。

06-26　1955 年我如愿怀上第三胎，怀孕过程一切正常，只是到怀孕后期，胎儿在腹中转动得厉害，朋友们尤其是王大嫂，常常摸着我的大肚子，经验老到地说：“又是个小子！”而我始终坚信我怀的是女儿。

06–27　1956 年 5 月 16 日晚上 8 点多，我的肚子阵痛发作，由桂籍的小学同学孔祥集兄开车把我送到李枝盈妇产医院。经过李医师检查，由护士长周太太作产前准备。两个小时以后，10 点多钟，我顺利生下体重约七磅的可爱女婴。坐在产房外焦急等候的桂籍和孔兄得知后，才安心地返家休息。

06-28　我很幸运，坐月子期间，除了有周太太在医药护理方面照顾我之外，家中还请了一位五十来岁的客家籍“欧巴桑”，她在日据时代就专门为产妇服务，照顾产妇和婴儿的知识和经验都丰富，人又勤快，有耐性。

06-29　家人在台湾都有固定职业，三弟、四弟均娶妻生子，生活无虞。我们有了自己的住所，生活安定下来，这时我和桂籍都已过了“不惑”的四十岁，踏实、稳健了许多，也更体会到“平安即是福”的道理。

06-30　小三比她两个哥哥幸运多了，在这里可以买到婴儿奶粉，还有美国进口的婴儿小瓶装食品。小女儿在襁褓时期不缺任何东西，也没有遭受过什么苦楚，她是我们认识的宝宝中，最健康、美丽、出色的小公主。

06-31　桂籍一直坚守他的岗位，从开始到生命的最后一刻，都参与到当局立法机构“经济委员会”的事务中去，全心全力审查、督导和推动经济政策实施，对台湾地区的经济腾飞不无功劳。

06-32　有一段时间，我所工作的台银经济研究室调查和资料两科的全体工作人员，被借调到外贸协会，由经研室副主任胡祥麟先生领导和主持，每日下午协助推进该会部分工作，我仍负责收集及编辑外贸、商业方面的资料。

06-33　1957 年桂籍被派往德国慕尼黑参加一个会议，并到欧洲其他国家考察、游览。桂籍途经香港，和相别十余年的妹妹桂云一家相聚数日。桂云、伯威极热情亲切地接待到访的哥哥，坚请他睡主卧房，给他换了新皮箱，并添购了新衣物以壮行色。

06-34　德国慕尼黑的会议结束以后，桂籍游巴黎，被扒手偷走全部证件及款项，陪行的朱德群非常自责，桂籍安慰他说：“将来你成名了，送我一张你的画作就好了。”二十年后的1977年，我到巴黎参加妇女作家会议，名满天下的朱德群果真送我一幅他的色彩艳丽的抽象画。

06-35　老大宇同准备升初中，复成弟在高雄工作，他一人收入维持家计艰难。我们商量，将他家老二张习宽接到台北来读高中，学费、生活费由我们负担。1958 年 9 月，宇同和二表哥张习宽一起到台北私立强恕中学上学，宇同读初中一年级，习宽读高中。

06-36　1958 年 5 月，一向强壮活泼的次子宇立感染腮腺炎已有转变为脑膜炎的迹象，宇立由父亲陪伴，住进儿科隔离病房。哥哥宇同想念弟弟，只好由我领着，站在马路中央的安全岛上

06-37　孩子们渐渐长大，早年的台北，没有卖面包、点心的店铺。家里有一罐玉彬由上海托人带来的奶油，我自作聪明，面粉中加入奶油，还有糖和水，做成小饼干，放进复善弟做的“克难式”烤箱烤，味道倒也差强人意，孩子们吃得很高兴。

06-38　周末假日，孩子们还能吃到自制冰淇淋，将奶粉加糖搅匀，加上水，飞快送到制冰块的店铺，用他们的机器将带去的冰淇淋液体搅拌凝固，再飞快骑车赶回家。家里和邻居家的小朋友们都已靠墙坐在榻榻米上，手捧着饭碗，眼巴巴地等候着。

06-39　到 1958 年，我在台银已工作了五年，具备了申请宿舍的资格。我马上到台银总服务室申请，如愿于 1958 年 10 月住进了广州街 3 号台银宿舍，将住了六年的爱国东路的房舍租出，租金拿来贴补家用，生活又改善了许多。

第七辑

回忆片段

孙宇立、孙宇昭补记:

行文至此，母亲说:“我写这些，是让儿孙知道我的早年人生经历。自此以后的事，就是过太平日子了，你们都知晓了，不用我再记了。”然而母亲不改记录生活点滴和感想的习惯，此后依然留下了许多片段笔记，可惜均未经整理。

于是我们写成这一辑，记下一些小时候有关母亲父亲印象至深的事，以缅怀至亲。

母亲于 2010 年安逝于洛杉矶后，我们把她书写多年的生平经历手稿拿出，取了个标题“聚聚——时代动乱的哀歌”，遵她生前所嘱，复印后交予子孙各一份，“作为晚辈永存的纪念”。2015 年为抗战胜利七十周年，新加坡报人老友杜南发、广东人民出版社李怀宇及旅居美国的名作家刘荒田三人阅读原文后一致认为这一缘起白山黑水、松花江畔的真实事迹，应予以出版以长留历史，让后代传承。2015 年 10 月《白云飞渡》一书得以顺利出版。为感恩抗日先烈并铭记历史，我们决定将《白云飞渡》改编为画传，再予出版。

07–01　母亲生活注重品质与品味。不论在家或外出，永远衣着整齐、打扮端庄、一丝不紊。只要是母亲在家的下午，三点、四点之间一定是喝下午茶的时间。亲朋好友或学生，大家围桌而坐，畅快谈笑。

07-02　每年学校假期时，父亲会提早向单位借来大巴士，载着我们加上亲朋好友三四十人，同赴大自然露营或住宿数日。我们随着母亲散步于林间，她总会随手折下一朵瓦娃最喜欢的小紫蓝色花别在胸前，以此怀念瓦娃。今日我们有机会见到小紫蓝色花，也会如此做以怀念母亲，感恩瓦娃。

07-03　母亲多次提到她小时候一桩又难忘又得意的事：她约莫十岁，每天与桂云姐一同上学，途中必经过一日本人经营的小旅馆。有一天，不知何处来的胆子，两人一起飞快拔起门前所插的几面膏药小旗扔在地上，随即拔腿奔跑。之后好长一段时间天天心惊胆战，怕让日本人捉去。

07-04　宇立念小学时，劳作科老师要求每人都要买些小手工工具。晚餐后父亲带着宇立到火车站后一家专卖手工工具的店。父亲挑买了一盒高价日本制小巧完备的工具盒，宇立急忙说，买盒本地便宜货就好了，父亲告诉宇立，工具不好是做不出好活计的，就如做事必须要先做好充足的准备。

07-05　因父母工作性质，寻常少见的世界各地政经中英文资料以及俄文录音带及播音稿常置家中案头，宇立在做功课之余经常翻阅选读。加上经常坐听父母及来访亲友宏观、微观地畅谈天下大事，潜移默化地塑造了宇立的成长及人生志趣。

07-06　母亲经常收拾干净晚餐桌后，就俯伏其上认真练习国画。有时唤我们站在桌旁，告诉我们不同的树叶、石头及不同的皴法怎么画。淘气的哥哥与宇立常在母亲转身忙别的事时，拾起画笔模仿加笔，希望母亲回到餐桌时看不出我们加在何处

07-07　母亲的厨艺在亲友圈中是出名的，宇立从小有很多机会陪母亲赴市场采购。在家时母亲只要见宇立经过厨房，必一把拉住，把刚炒出的菜肴塞满宇立一口，同时也很快地解释这个菜是怎么做出来的。宇昭继承了母亲的好厨艺，当年母亲做的佳肴，如今宇昭都能色香味一丝不差地再现。

07-08　每年农历新年将届之际，是我们小孩子最兴奋期盼的时节。年前两个星期起，母亲就张罗过年的采购，安排全家大扫除，开始渍酸菜、腌糖蒜、酿葡萄酒、灌香肠。父亲也开始带我们去买鞭炮、买红布、找人写对联。

07-09　父母靠着公务人员有限的收入，勤俭朴素地过着量入为出的日子。父亲去世后宇立陪着母亲整理书桌，母亲拿出了一本存折，里面存着台币 3000 元。母亲说：“这是你父亲所有的钱。你父亲最近才说，与朋友下小馆常是他人付钱，下次他要提出这笔钱请朋友吃一顿。”

07-10　宇立小时候，一日晚上父亲有个朋友提着一盒饼干来访，朋友离去后，父亲从纸袋中拿出饼干盒，惊见下面有一个塞满现钞的信封，于是匆匆披上外套，跨上脚踏车追去他家送回。

07-11　孙运璿叔叔是父亲亲如兄弟的好友。记得小时候，经常晚餐后孙叔叔就骑着脚踏车来了，坐在客厅中与父亲畅谈至深夜。父亲骑车陪他回家，到了他家门口，孙叔叔又转头骑车陪父亲回来，才骑车走的。

07-12　在父亲的力劝下，孙叔叔婉拒了上层安排出任当局经济事务主管部门“次长”的职位，后改派任交通事务主管部门负责人之后一路高升至行政管理机构负责人。父亲过世后，孙叔叔仍旧每年来家里拜年，他十分关怀宇立的生活和工作情况，并有意关照他。宇立对孙叔叔心存感激，但秉承父亲的个性，一生从来不为个人的事情请熟人说项。

07-13　香港的桂云姑姑是我们小时候觉得最亲切又是最遥远的亲人。每隔一阵子家里就会收到香港寄来的包裹，有衣服、玩具、糖果、巧克力。父母亲也常会收到来自香港的航空信，里面总是姑姑写得密密麻麻的话家常的字句。

07-14　母亲退休后，每日早晨到附近植物园散步并打太极拳锻炼身体，在家中屋顶花园种植、照顾花木，也每周两次开班专心教画，并每年与宇昭、学生或友人外出旅行，遍游世界。

07-15　母亲 83 岁生日当天，她完成了此生的最大心愿——抵达瓦娃的故乡莫斯科旅游。在莫斯科期间，她脱队去寻访老友，希望找到抗战时结识的《消息报》摄影记者卡尔曼，然而物转星移，她手持的地址已不复存在了。

07-16　由 20 世纪 80 年代中期起，母亲无论到哪里，常带着笔记本，静坐一隅沉思、记笔记，着手写下了这本回忆录——《白云飞渡》。

07-17　母亲 2000 年移居美国，在宇昭居所附近的老人公寓独居，受到宇昭早晚无微不至的照顾。她在近九十岁高龄时仍开班授画，为有收入而得意。

07–18　2005 年起母亲健康状况渐退，但仍常画山水速写，默写和朗诵俄文诗篇及高唱俄文歌曲以自娱。母亲于 2010 年 5 月 12 日睡梦中，安逝于洛杉矶，随后移灵台湾，安葬于台北阳明山第一公墓，与父亲同穴永眠。

07-19　母亲原是一介平凡小女子，在动荡的战争年代，亲历悲欢离合、国破家亡的民族悲剧，在时代洪流中无奈地挣扎求存，终于谱就她这一段不平凡的生命篇章。

张郁廉年表

1914 年 7 月——出生于哈尔滨中东铁路局附属医院，取名张玉莲（小名聚聚）

1916 年 7 月——母亲李氏逝世，由白俄贵族阿里莫夫夫妇收养，取俄国名佐雅

1920 年秋——俄国养父（佳家）养母（瓦娃）离婚，随瓦娃迁至郊区懒汉屯

1921 年起——瓦娃认为“佐雅是中国人，必须接受正规中国教育”，送佐雅入中文私塾就读

1922 年秋——瓦娃迁至道里十六道街东顺祥孙家大院，送佐雅入邻近第十六小学就读

1928 年秋——佐雅小学毕业考入哈尔滨市立女一中初中部，改名为张郁廉

1931 年 6 月——赴天津，就读于天津南开女中暑期补习班，并于 9 月 1 日被正式录取

1931 年 11 月——日寇唆使浪人组织便衣队于天津暴动，张郁廉由天津南开转学至北平慕贞女中

1933 年 11 月——瓦娃在哈尔滨去世，葬于极乐寺旁俄人坟场，张郁廉由孙桂云陪伴潜返参与葬礼

1934 年 5 月——于慕贞女中毕业，考入北平燕京大学，入医预系，大二转系主修教育辅修新闻

1937 年 6 月——利用暑假，返山东莱州平里店朱由村老家与父亲相聚及到东路宿村外婆家

1937 年 7 月——卢沟桥事变引发全面抗战，北平沦陷，张郁廉随流亡学生先逃南京，再逃汉口

1937 年 12 月——进入苏联塔斯通讯社汉口分社任翻译，负责把中文报章消息及前线战况译成俄文分发各单位，参加记者会并为社长作记录及口语翻译

1938 年 3—6 月——任战地记者，协同塔斯社莫斯科总部派来的数位战地记者赴徐州战地采访，亲历徐州会战、台儿庄大捷及徐州大突围，后经河南信阳返抵汉口

1938 年 10—12 月——奉调塔斯社重庆分社，协同苏联《消息报》记者卡尔曼赴湘鄂战地采访，经历武汉会战、武汉大撤退及长沙大火，后经衡阳、桂林、贵阳返重庆

1939 年 5—9 月——协同苏联《消息报》记者卡尔曼由汉中、宝鸡经西安抵陕北延安，在陕甘宁边区采访，后经山西中条山游击区返重庆

1940 年 6 月—1942 年 6 月——离开塔斯社，进入国民党中央宣传部国际宣传处外事科俄文

组，每日将中文报章前线战况及消息译成俄文，油印分发到苏联新闻社、军事顾问、各处战区及敌后游击区

1942 年 9 月—1943 年 6 月——进入燕京大学（成都复校校区）续读第四年，取得教育及新闻学士毕业文凭

1943 年 9 月—1946 年 4 月——进入重庆国民党中央通讯社总社，任职于总编辑室、英文部及编译部

1944 年 3 月 26 日——同孙桂籍结婚

1946 年 4 月—1946 年 6 月——随中央社总社迁回南京

1946 年 6 月—1947 年 8 月——调至中央社沈阳分社，任采访组组长

1947 年 8 月—1948 年 1 月——调至中央社长春分社，任采访组组长

1948 年 1 月—1948 年 5 月——调至中央社沈阳分社，任采访组组长

1948 年 5 月—1949 年 2 月——调回中央社南京总社

1949 年 2 月—1949 年 5 月——由南京赴上海暂居，以避战事

1949 年 5 月——随夫婿孙桂籍赴台湾

1949 年 7 月——离开中央社，结束了 12 年的新闻岗位工作

1950 年底——拜国画大师黄君璧为师，成为白云堂最早的门生之一

1953 年 11 月——进入台湾银行经济研究室资料科，任办事员

1960 年——在中山堂举办第一次个人山水画展，盛况空前，作品广受重视

1963 年——参加台湾地区第二届美术展览，在六百余参选人中得第二名

1966 年——举办第二次个人山水画展，作品由台北“故宫博物院”及台湾历史博物馆收藏

1980 年——从台湾银行研究员职位上退休，由此开班专授国画山水，并成为当代知名女画家

1989 年——重返一别四十年的大陆故乡扫墓，之后多次赴大陆探亲访友旅游

2010 年——安逝于美国洛杉矶，随后移灵台北阳明山第一公墓，与青梅竹马的夫婿孙桂籍同穴永眠

二.

我親愛的瓦娃！我心目中偉大的母親．她的全名是瓦爾娃拉、斯提巴諾瓦、阿里莫瓦．白俄貴族．中東鐵路開始修築時，她和工程師丈夫阿里莫夫先生由帝俄政府派到中國哈爾濱工作．在我喪母後，她自願收留我；自我兩歲養育我到十九歲她逝世為止．

此照是一九三一年我初中畢業離哈赴天津投考南開女中高中時所拍攝．下照是一九三二年由北平返哈探親時所照．

瓦娃於一九三三年十一月十四日因心臟病在哈爾濱東順村院內二樓寓所去世．我当時正在北平慕貞女中讀高中三年級．

左：张郁廉和养母瓦娃合影

右上：青年张郁廉　　右下：张郁廉和孙桂籍

左上：张郁廉与卡尔曼在湖南前线

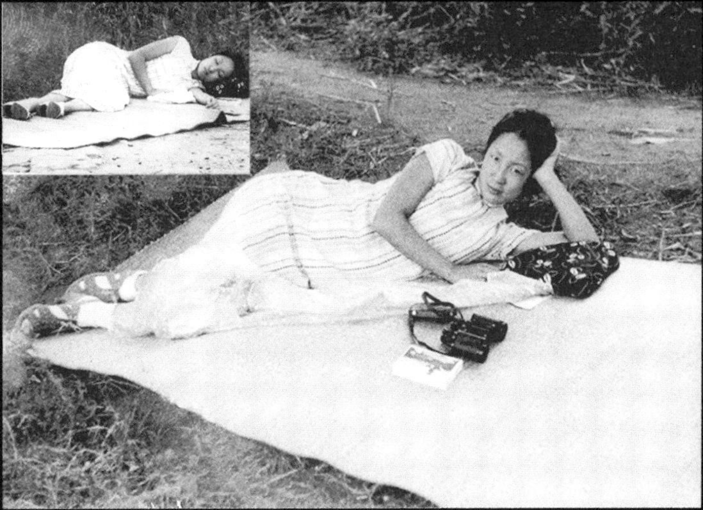

左：途中夜晚烧火堆取暖，一旁汽车用树枝遮掩伪装

右：“还照？”面有嗔色，但太累倒头即睡

左：张郁廉坐在重庆塔斯社墙头留影　中上：张郁廉、孙桂籍和长子宇同、次子宇立

中下：全家福（宇立坐在地上，宇昭在母亲怀中，宇同在后排中）

右：张郁廉个人画展

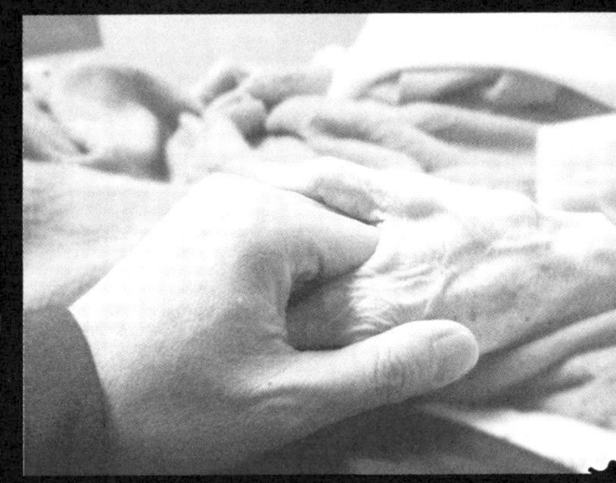

左上：张郁廉个人画展　　左下：向黄君璧大师学习国画山水（前排右一为张郁廉）

右上：张郁廉和宇立、宇昭游玩加州羚羊罂粟花自然保护区

右下：张郁廉临终前与宇立交握的手

幽亭清趣
丙辰春日

张郁廉作品（一）

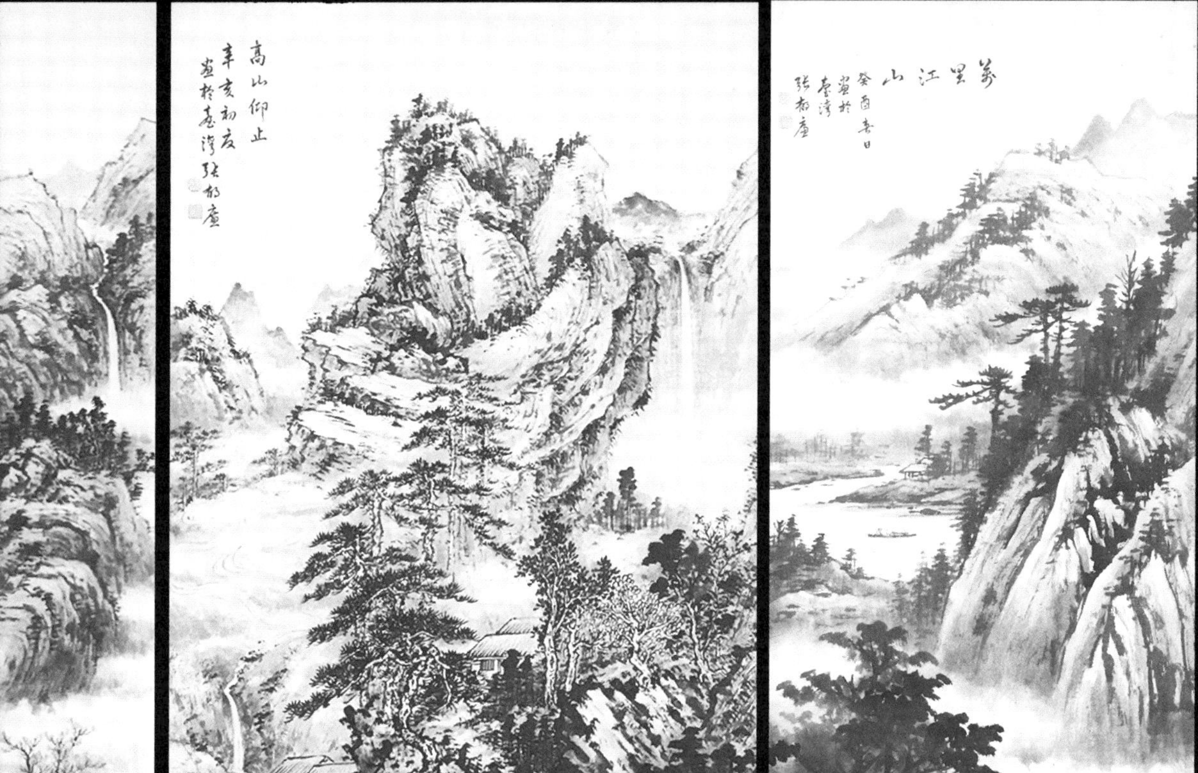
高山仰止
辛亥初夏
畫於臺灣張郁廉畫
萬里江山
癸酉春日
畫於臺灣
張郁廉畫

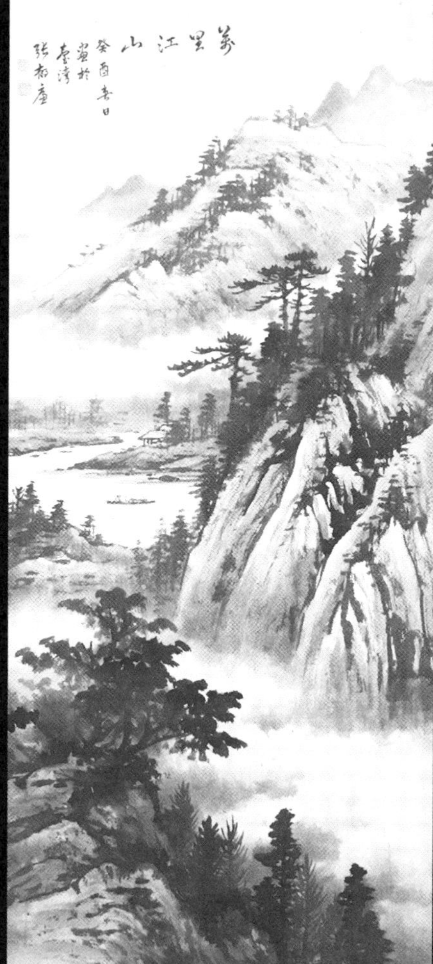

张郁廉作品（二）